まるごと、シンプルに。

シェフが好きな
野菜の食べ方

ラ・ブランシュ
田代和久

たとえば、タシロが作るガスパチョ。

初めて食べた時の衝撃は今も忘れられない。

「このトマト、このセロリがないと、この味は出せない」

自分が作ろうとする料理のために、その材料を探す。

その味覚と食材を追求する姿勢に、私はおおいに共感する。

タシロが作る独特の料理を食べるたびに

「なぜこの素材を組み合わせるのか？」

ほかの料理人にない何かを感じ、私にはとても興味深い。

タマネギのミ・キュイのギリギリの食感に

タマネギの新しい感覚・味覚を感じ、初めて食べた時にとても驚いた。

根菜、水と塩、オリーブオイルやヴィネガーで作る

フレッシュなキュイッソンも、

自分にとっては、今までにない食べ方だった。

素材を生かしきる調理、タシロ独特の使い方だと感じた。

20年来の友人として、料理人として、タシロにはいつも刺激を受けている。

Restaurant Gill
ジル・トゥルナードル

ラ・ブランシュをオープンした当時、野菜はどれも変わらないと思っていました。ところが1〜2カ月目、あるかぶを食べたらそれがすごくおいしくて。焼いても実が崩れず、甘みもある。それをきっかけに、かぶやほうれん草、トマトをこだわって育てている方と出会い、おいしい野菜にはエネルギーがあると感じるようになりました。

　同じ野菜でも、時期が違えば味も違います。独特の香りだったり苦み、甘みだったり。口に入れた時に感じる味覚の部分も、季節によって違う。それまでいっしょくたに考えていたけれど、旬のものを食べるとやはり感動します。次第に旬のうまさを求めるようになりました。根菜でも葉ものでも、旬の野菜には甘みがあり、それは自然のエネルギーだと思う。これが僕にとって味のバロメーターになっています。

　僕が野菜の根っこや芯をつけたまま料理をするのは、そこにも大地から上がってくるエネルギーを感じるから。そこにうまさがあるんですね。「根っこがうまいか？」と問われれば、実際には実のほうがおいしい。でも、一緒に食べることでその野菜の味が全部わかる。そんな食べ方が僕は好きです。

　野菜はまるごと、調理法はシンプルに。
　野菜好きを自認する僕の好きな野菜の食べ方が、この本には詰まっています。野菜が好きな人に楽しんでもらえたら嬉しいです。

2018年8月　田代和久

K. Tashiro

目次

006 野菜をおいしく味わうために

トマト　012

014 トマトのサラダ
016 トマトのキャラメリゼ
018 トマトのコンフィ
019 トマトのロースト、バジル風味のきゅうり

キャベツ　020

022 キャベツのサラダ
024 キャベツのブレゼ
026 2色キャベツのガレット
027 塩もみキャベツ

じゃがいも　028

030 じゃがいもとイワシの温かいサラダ
032 じゃがいもと紫キャベツのサラダ
034 じゃがいもオーブン焼き、サヴォワ風
035 ポム・ランデーズ
036 じゃがいものグラタン
037 ポム・ピュレ
038 タラとじゃがいものブランダード風
040 じゃがいものスフレ
041 じゃがいもとブルーベリー、
　　　サワークリームの重ね焼き

アスパラガス　042

044 グリーンアスパラガスの塩こうじソース
046 ホワイトアスパラガス、ヴィネグレット風味
048 2色アスパラガスのベニエ

かぶ　050

052 焼きかぶのサラダ、かぶのソース
054 焼きかぶのスープ
056 かぶのファルシ
058 かぶのまるごとロースト
059 かぶと黄金柑のサラダ

たまねぎ　060

062 たまねぎのミ・キュイ
064 新たまねぎのヴルーテとブルーチーズ
066 まるごとたまねぎのジュレ
068 たまねぎのタルトとアイスクリーム
069 たまねぎのこんがり焼き
070 紫たまねぎのロースト、パイナップル添え
072 紫たまねぎのグラデーション

ズッキーニ　074

076 ズッキーニのソテー、ローズマリー風味
077 ズッキーニとトマトの重ね焼き
078 ズッキーニのスパゲッティとヤリイカ

なす　080

082 焼きなすのマリネ
084 なすのブレゼ
086 緑なすとシェーヴルチーズ
086 緑なすのソテー、なすのピュレ添え
088 なすとズッキーニのココット焼き

きゅうり 090

092 きゅうりとアボカド、焼きなすのサラダ
094 きゅうりとシャインマスカットのかき氷
096 板ずりきゅうりときゅうりソース

とうもろこし 098

100 とうもろこしの網焼き
102 間引きとうもろこしのグリル
104 とうもろこしの包み焼き、ヴァニラの香り
106 とうもろこしのピュレ
108 とうもろこしのクレーム・ブリュレ
109 とうもろこしのコンフィ

大根 110

112 緑大根のロースト、大根のマリネソース
114 緑大根のマリネ
115 紅大根のマリネ
116 干し大根のプティフール
117 大根と金柑のグラッセ

にんじん 118

120 にんじんのグラッセ
122 3色にんじんのリボン
124 キャロットラペ
125 にんじんのコンフィ
126 にんじんのまるごとロースト
128 にんじんのポタージュ
129 にんじんとパンのグラタン
130 にんじんのエクラゼ、
　　 にんじんのドレッシング

青菜 132

134 小松菜とセルフイユのサラダ
136 菜の花とサバイヨンソース
138 ほのかに温かいほうれん草のサラダ
139 紅菜苔とはちみつマスタードソース

豆 140

142 ゆであげスナップエンドウ
144 プティポワとキャベツの温かいサラダ
146 ラルドで巻いたソラマメのココット蒸し
147 赤豆のピュレとメロン
148 白いんげん豆と大根のココット煮
150 豆のディップ、パンクラッカー添え
151 いろいろな豆のサラダ

・大さじ1は15cc、小さじ1は5cc、1カップは200ccです。
・塩は目の細かい、サラサラの焼き塩を、粗塩は粒の大きなタイプを使います。ひとつまみは約1gです。
・黒コショウは粒のものを挽いて使うと、鮮やかな香りが楽しめます。
・オリーブ油は、加熱用にはピュアタイプを、それ以外はエキストラバージンを使います。
・バターは無塩バターを使います。
・ハーブは基本的にフレッシュ(生)を使います。
・野菜の量や加熱時間は目安です。大きさに合わせて量や時間を調整してください。
・塩、コショウなどの調味料、油脂類やハーブは、「適量」「少量」と表記している場合があります。作る量や好みに応じて調整してください。

撮影　日置武晴
デザイン　福間優子
編集　鍋倉由記子(柴田書店)

野菜をおいしく
味わうために

1 手に持ち、香りをかぐ

「野菜料理は、おいしい野菜選びから」。野菜に限らず、料理には素材選びが一番大事だと思っています。トマト、なす、にんじん……野菜ごとにおいしさを見きわめるポイントはありますが、「色が鮮やかでツヤがある」「持った時にずしっと重みがある」という点は共通。大切なのは、実際に手に持ち、色や形をよく見て、香りをかぎ、食べてみること。おいしい野菜はなんともいい顔をしていて、実が締まっているぶん重みがあり、香りも強い。はじめはピンとこなくても、意識して選ぶうちに見きわめる目や舌が備わってきます。最近は、産直マルシェや道の駅など、新鮮で良質な野菜が手に入りやすくなりました。ぜひ五感を使って自分好みの野菜を選んでください。

トマトは必ず1個ずつヘタをめくってにおいをかぐ。トマトらしい青い香りがプンと立ってくるものがいい。

皮も葉も、まるごと使う 2

かぶは果肉も茎も葉も一緒に味わえるよう、葉をつけたまま縦に切り分ける。また、皮のところに香りがあるので、基本的に皮はむかない。

緑大根は緑のほうが甘みが強く、お尻の白いほうはわずかにえぐみがある。縦に切って調理することで、そのどちらもが一度に味わえる。

僕は普段からアスパラガスや菜の花は1本のままゆでて、切り分けずに皿に盛ります。キャベツは茎を、ほうれん草は根っこをつけたまま調理し、そのままお客さんにお出ししています。きっかけは農家の方。「キャベツは茎にも旨さがあるよ」「ほうれん草は根っこが甘いんだよ」と教わり、食べてみるとたしかに旨い。葉は甘くておいしいけれど、茎や根っこにもハッとする味わいがある。食べづらいぶん、味の深いところまでわかる気がします。なかには残す方もいて「そこがおいしいのに！」と少し残念に思う時もある一方、「この野菜、こんなにおいしかったの？」と喜ばれることも。まるごと味わう醍醐味を知ると、その野菜がもっと好きになりますよ。

3 塩が肝心

粒の大きさで使い分ける

この本で使う塩は、粒が細かくサラサラの「塩」と、粒が大きい「粗塩」の2種類。前者は野菜をマリネやソテーにする時の味つけ、塩もみなどがおもな用途です。一方の粗塩は、粒が大きいぶんゆっくり野菜に浸透するイメージ。野菜をまるごと塩ゆでしたり、オーブンでじっくりローストするなど長時間加熱する場合に使います。また、仕上げに粗塩を1～2粒のせ、カリッとした食感や塩気をアクセントにすることも。塩は湿っていると量を調整しづらいので、サラサラの焼き塩が便利。僕のお店では、焼き塩をさらに低温のオーブンで乾燥させ、ザルで漉してパラパラにしてから使っています。

強めの塩加減でゆでる

青菜やアスパラガス、グリーンピースなどを塩ゆでする時には、沸騰したお湯に粗塩をひとつかみ。僕はちょっとしょっぱいかなというくらい、お湯に対して約3％の塩加減でゆでます。塩気を効かせることで浸透圧によって野菜から水分が抜け、同時にアクも抜けて野菜本来の旨さがぐっと出てきます。また、ゆでた野菜は必ず氷水にさらすこと。それ以上火が入って野菜が柔らかくなるのを防ぐと同時に、塩ゆでによって抜けた水分を野菜にもどしてやる。このひと手間が、みずみずしいゆで上がりにつながるのです。この本には載っていない、ブロッコリーやカリフラワーをゆでる時も同様です。

通常の味つけやスライスした野菜のソテーやローストには粒の細かい塩を使う。バットの上で塩をふると、塩が均等にふれたかわかりやすい。

野菜を塊のままローストする時には、粒の大きい粗塩で。加熱中にゆっくり溶け出し、野菜にじんわり浸透するので塩気がきつくならない。

蒸したじゃがいもやトマトサラダに粗塩をパラリ。塩をふったところとそうでないところのコントラストで、野菜の味がいっそう強調される。

野菜をゆでる時には、沸騰したお湯に3％量の粗塩を投入。野菜に塩味をつけつつ、浸透圧で水分とアクを抜き、野菜の味を引き出す。

4 おいしさを引き出す加熱法

静かにゆでる

野菜をゆでる時のポイントは「弱火で、静かに」。ボコボコと沸騰した中では野菜同士がぶつかって形が崩れるし、むしろ塩も入りづらいように感じます。お湯を沸かし、粗塩を入れたらお湯の表面がわずかにゆれるくらいに火加減を調整。青菜もキャベツもその中で「ゆでる」というより「熱湯に浸す」くらいの感覚で火を入れます。また、ゆでたら氷水に入れることを忘れずに。それによって野菜のイキイキした香りや食感がよみがえります。

ホワイトアスパラガスのゆで方

ホワイトアスパラガスが丸ごと入る鍋にお湯を沸かし、3％量の粗塩を入れる。表面がわずかにゆれる程度に火加減を調整し、アスパラガスの穂先を束ねて持ち、根元のほうだけ30秒ほどゆでる。

アスパラガス全体を湯につけ、静かに7〜8分ゆでる。グラグラと沸騰した中でゆでると、アスパラガス同士がぶつかって形が崩れるので、ごく弱火で、温めるくらいの感覚で静かにゆでる。

好みの固さになったら、アスパラガスを引き上げてすぐに氷水にさらし、余熱でそれ以上火が入るのを止める。冷えたらすぐに引き上げる。キャベツや青菜の塩ゆでも同様にする（ゆで時間は好みで）。

食感を残す

フランスでは野菜をくたくたに加熱するのが一般的ですが、僕は少し芯が残った食感が好き。日本人の感覚です。そんな僕が気に入っているのが、たまねぎのミ・キュイ（P.63）や緑大根のマリネ（P.114）のような食べ方。生のようで生じゃない。火は通っているけどシャキシャキとしたフレッシュな食感は残っている。作り方はシンプル。鍋に少量のオリーブ油と水を沸かし、そこに野菜を入れて液体をからませながら水分をとばし、半生に仕上げます。氷水にあてて野菜を冷まし、乳化した液体で野菜をつややかに仕上げるのがポイント。タイミングがちょっと難しいですが、フランスに比べて水分が多くて繊細な味の日本の野菜向きの調理法。おすすめです。

鍋にオリーブ油、塩、水と緑大根の薄切りを入れて中火にかける。液体を時々大根にからめながら加熱する。

煮汁がなくなったら大根をボウルに取り出し、氷水にあててすばやく冷やす。食感を残すのがポイント。

香ばしく焼く

僕自身が魚でも肉でも、こんがり焼き上げるのが好き。香ばしさに目がありません。もちろん野菜も同じで、ズッキーニやなすをじっくり焼き色をつけながらソテーしたり、とうもろこしを網にのせて焦げるくらいまで焼いたり。香ばしく焼くことで、野菜の自然な甘みを引き立てます。最近の野菜は甘みが強いので、どこかに香ばしさを持たせることで味のアクセントに。とうもろこしもたまねぎもただ甘いだけじゃないんだぞ。僕にとってはどこか懐かしい、好きな食べ方です。

輪切りのたまねぎをじっくり、こんがり焼き上げる。焦げた香ばしさがたまねぎの甘みを引き立て、食べ飽きない。

大根やかぶもこんがり焼くのもおすすめの食べ方。グラニュー糖をふって焼くと、きれいな焼き色がつく。

5 ハーブを組み合わせる

仕上げに香りをプラス

こんがり焼いたズッキーニとローズマリーは相性抜群。ローズマリーは一緒にソテーせず、仕上げに加えて表面にだけ香りをまとわせる。爽やかな香りがズッキーニのコクにキレを与える（P.76）。

ゆでてソースをからめたグリーンアスパラガスに、セルフイユをふわっとまとわせる。最後に合わせることで野菜もハーブも水っぽくならず、一緒に食べると、口に品のよい余韻が残る（P.44）。

相性のよいハーブを見つける

僕の野菜料理に欠かせないのが、フレッシュのハーブ。香りのエッセンスとして、料理に爽やかな余韻を与えてくれます。たとえば、ニンジンのエクラゼ（P.130）の仕上げに添えたマジョラム。ニンジンの根菜らしい力強さをマジョラムの甘い香りがふわっと包みます。生の小松菜のシンプルなサラダ（P.134）には、セルフイユをたっぷりと。セルフイユの爽やかさとほのかな甘みが、小松菜のほろ苦さに深みを与えてくれます。ポイントは生のハーブを使うこと。ドライほど主張が強くないので、たくさん使っても品よく仕上がります。トマトにエストラゴン、大根とローズマリー、なすにミント……いろいろ組み合わせてみるのも楽しいです。

香りをじっくりまとわせる

野菜全体にじっくり香りをまとわせたい時には、最初からハーブと一緒に加熱する。ハーブを枝ごと使えば、必要以上に香りがつくことはない（写真はタイム、ローズマリー）。

左のなすとズッキーニのココット焼き（P.88）では、焼き上がりにさらにフレッシュのセルフイユやエストラゴンを散らして仕上げる。ハーブの二段使いだ。

トマト

　子どものころ、トマトといえば夏のもの。喉が渇いたら井戸水で冷やしたトマトに
かぶりついたり、厚い輪切りにして砂糖と塩をふって食べたものです。そのころのト
マトは今に比べたらずいぶんすっぱくて、僕は青くささが得意じゃなかった。

　冬にもおいしいトマトがあると知ったのは、ラ・ブランシュをオープンしてからで
す。毎日市場に通うなかで出会ったのが、静岡県掛川市のトマト。「糖度が何度」な
どと甘いトマト一辺倒だった当時、甘いだけじゃない、酸味もコクも青っぽさもある
ことで力強い味わいになったトマトに衝撃を受けました。今ではよく知られています
が、トマトの原産地であるアンデスに似た環境を意識し、水をできるだけ与えずに育
てることで、トマトが水分を取り込もうと根や葉を張って力強い味わいのトマトにな
る。そういう育て方をする人がいることと、なによりそのトマトのおいしさに感動し、
トマト観が一変。料理も変わりました。

　それまでは「フランス料理はトマトの皮を湯むきする」と教わったら、当然のよう
にそうしていたけど、皮と実の間に旨みがある。おいしいトマトならなおさら。だか
ら僕は基本的に皮はつけたまま料理し、トマトのロースト(P.19)でも皮を一緒に盛り
ます。ここでは紹介していませんが、僕が作る生のトマトを泡が立つくらいまでひた
すら包丁でつぶしたソースは、皮からエキスを絞り出すように叩き、旨みをしっかり
引き出すのがポイント。皮があることで口に余韻が残り、また食べたくなるんですね。
これも、おいしいトマトがあって生まれたレシピです。

季節

通年出回るが、11月から翌2月ころの掛川のトマト、
夏の北海道のトマトがとくに気に入っている。それ
以外の時期は、いろいろな産地のものを使う。

保存する

基本的に完熟のものを仕入れるので、冬のトマトも
夏のトマトも冷蔵庫で保存する。

選ぶ

ヘタの下のにおいをかいだ時に、トマトの青い香り
がしっかりするもの。持った時に重みがあるもの。
お尻から放射状に筋が多く入っているものは部屋が
いっぱいあり、じっくり育って密度が濃い証拠。店
では小ぶりでお尻が尖っていないものを使う。

下処理

使う時にさっと水で洗うだけで充分。

子どものころ、僕の家ではトマトは輪切りが定番でした。
その影響か、とにかく僕はこのトマトの食べ方が好き。
厚めに切ったトマトに、粗くきざんだエシャロットや
エストラゴンをたっぷりふっただけのシンプルさ。
トマトのスライス1枚につき粒の大きな塩をひとつ、ふたつとのせて、
わざとトマトをストレートに味わう部分と塩気で味わうところを作ります。
甘みの強いトマトなら、少しヴィネガーをたらしても。
お客さんにお出ししたこともあるほど、好きな食べ方です。

トマトのサラダ

材料［2人分］
トマト　2個
エシャロット　少量
エストラゴン　適量
粗塩、黒コショウ　各適量
パセリ　適量
オリーブ油　適量

作り方
1　トマトを厚さ1cmくらいの輪切りにし、
皿に重ならないように並べる。
2　エシャロットとパセリをみじん切りに、
エストラゴンはざっくりと切る。
3　エシャロットとエストラゴンをトマトの
上からばーっと散らす。トマト1枚につき2
〜3粒ずつ粗塩をのせ、皿にふちに黒コショ
ウとパセリをふる。トマトに軽くオリーブ油
をたらす。

オリーブ油と砂糖でキャラメルを作り、プチトマトをまるごと投入。
トマトがしなっとしたら完成です。破れた皮からキャラメルがトマトにしみ込み、
キャラメルにはトマトのエキスが移ってなんともおいしいソースに。
いろんな種類のトマトで作ると、それぞれの味わいが出て楽しい。
できたてはもちろん、冷やして食べてもおいしいですよ。

トマトのキャラメリゼ

材料［2人分］
プチトマト　好みの量
グラニュー糖　大さじ½
塩　ひとつまみ
オリーブ油　大さじ1～2
シェリーヴィネガー　大さじ1弱

作り方
1 鍋にグラニュー糖、塩、オリーブ油を入れて中火にかける。グラニュー糖が色づき、キャラメル色になったらシェリーヴィネガーを加え、プチトマトを入れる。
2 弱火にし、10分ほど加熱する。

memo
トマトの大きさに合わせて加熱時間を調整し、中まで火を入れます。皮は破けて構いません。トマトから出た水分とキャラメルがあいまって、味が凝縮していきます。

トマトのフレッシュ感と凝縮した旨みが両立したコンフィ。
中まで完全に乾かさず、ジューシーさとツヤを残して仕上げます。
そのまま食べるのはもちろん、鶏やサーモンの付け合わせにしたり、
魚料理のソース代わりに添えたりと、なにかと重宝する一品です。

トマトのコンフィ

作り方
1 トマト2個をヘタをつけたまま、4〜6等分のくし切りにする。トマト1切れに1〜2粒の粗塩とタイムの葉をふる。
2 アルミ箔をトマトの大きさに合わせて折る。1のトマトをくっつかないように並べ、120℃のオーブンで、乾燥させるように40〜50分加熱する。

memo
アルミ箔を折って溝を作り、トマトが直接アルミ箔につかないようにすると、形が崩れずきれいに仕上がります。

まるごとローストしたトマトは、冷やすことで旨みがぐっと際立ちます。
トマトの皮を残すのは、そこにある旨さを知ってほしいから。
皮の風味が、爽やかなジュレとよく合います。トマトとキュウリとバジル、夏ですね。

トマトのロースト、バジル風味のきゅうり

材料
トマト（小ぶりのもの）　1個
オリーブ油　少量
粗塩　少量
キュウリ（7〜8mmの角切り）　大さじ1
バジル（みじん切り）　1枚分
トマトのジュレ　小さじ½
塩　適量

作り方
1　アルミ箔をくしゃっと丸めてから軽く広げ、トマトのヘタを下にしてのせる。オリーブ油を軽くふり、粗塩をのせて150℃のオーブンで15〜20分ローストする。
2　1を冷蔵庫でよく冷やす。お尻のほうからヘタにむけて皮をむく。皮はつけたままにし、一緒に食べてもらう。
3　キュウリを塩もみする。水気をきってバジルと混ぜ、トマトのジュレも加えて混ぜ合わせる。
4　器に3を盛り、トマトのローストをのせる。

memo
トマトのジュレの作り方
トマト150gをざく切りにしてミキサーにかけたものを布で漉すと、透明なジュースがとれる。このジュースを温め、少量のゼラチンを溶かしてから冷やす（作りやすい量）。

キャベツ

　同じキャベツでも冬キャベツと春キャベツでは対極的。冬キャベツは気温が下がる12月、1月ごろからぐっと実が締まって重みが増してきます。寒暖差の中で糖分を蓄えたキャベツは、味が濃くて香りも強い。葉も茎もしっかりしているので、生で使うとしたらせん切りキャベツくらい。キャベツのサラダ（P.22）やキャベツのブレゼ（P.24）のように、加熱して味を引き出します。

　一方の春キャベツは、みずみずしくて葉も柔らか。生のまま、またはマリネにしてそのシャキシャキ、パリパリした食感を楽しみます。外側の葉は色が濃く、香りもあるのに対して、中の黄色い葉は甘みのあるきめ細かやかな味。どちらも冬キャベツのようなインパクトはないけれど、やさしいなりに余韻があって好きです。

　紫キャベツは、なんといってもその色。ヴィネガーと合わせると紫色がさらに鮮やかになり、なんとも言えない味わい深さが出てきます。水分が少なく、マリネしても水っぽくならないので、じゃがいもと紫キャベツのサラダ（P.32）のように何かと一緒に食べるのもおすすめ。焼いた魚や鶏に添えても、紫キャベツなら負けません。

　キャベツの風味が一番強いのは茎の根元の部分。だから、僕は茎をつけたままゆでたり焼いて、お客さんにもそのまま出します。まるごと食べると、キャベツ本来の味がよくわかります。ぜひ一度、その旨さを味わってください。

季節
冬キャベツは10月後半から3月初めくらい。春キャベツは4月から6月。紫キャベツは1年中出回る。味わい深くて気に入っている渥美半島の冬キャベツは1月、2月が最盛期。

保存する
紫キャベツも含めて、新聞紙に包んで冷暗所で保存する。冷蔵庫に入れるのは暑くなってから。

選ぶ
冬キャベツも春キャベツも、持った時にずしっと重みを感じるもの。春キャベツはあまり大きすぎないものを選ぶ。冬キャベツの外葉が赤くなるのは、凍らないように身を守る防衛本能で、そういうキャベツは風味が強い。

下処理
芯の表面を切り落とし、さっと洗う。葉をばらした時は、ボウルにたっぷり水を入れた中に入れてさっと洗う。

キャベツは茎もおいしい。なぜなら、そこに風味があるから。
それを伝えたくて、葉を1枚まるごと塩ゆでしてシンプルなサラダに仕立てます。
ポイントはゆでる時の火加減。ボコボコと沸いた中でゆでると
キャベツの香りが抜ける気がして、表面がゆれるくらいの火加減で静かにゆでます。
湯から引き上げたキャベツをすぐに冷やすことも大切。
氷水に入れると味が抜けると言う人もいますが、
僕はゆでっぱなしのモワッとした香りのほうが気になります。
レストランでは魚料理の付け合わせにしたり、
ほかの野菜と組み合わせてサラダにしたり。
「キャベツってこんなにおいしかったの？」と驚かれる食べ方です。

キャベツのサラダ

材料 [1人分]
キャベツの葉　2〜3枚
粗塩　適量
塩、黒コショウ　各適量
オリーブ油　少量
ゴマ油　数滴

作り方
1　キャベツの葉は1枚ずつ破れないようにはがし、水洗いする。
2　鍋に湯を沸かし、3％量の粗塩を入れる。沸騰しないくらいに火加減を調整し、まずキャベツの根元を浸ける。10秒ほどしたら葉全体を入れ、2〜3分ゆでる。
3　茎に火が通ったら引き上げ、すぐに氷水に入れて急冷する。水気をふきとる。
→茎の色が変わったら火が通った証拠。
4　ボウルに3を入れ、塩、黒コショウ、オリーブ油、ゴマ油を加えてふんわりとからめる。1枚ずつ形を丸くまとめて皿に盛る。

キャベツをまるごと味わえるこの蒸し煮、好きでまかないでも作ります。
キャベツは大ぶりに切ること。粗塩とタイムは多めに。
キャベツから水分が出て、だしなど使わなくても
タマネギやベーコンとうまくなじんで、いい味になります。
柔らかい春キャベツより、水分が少ない冬キャベツ向き。
鶏肉と一緒に蒸してもおいしいですよ。

キャベツのブレゼ

材料［4人分］
キャベツ　1個
タマネギ　½個
ニンニク　1粒
生ベーコンまたはベーコン　2〜3枚
タイム　10本
水　300〜350cc
粗塩　ひとつまみ
ラード*、サラダ油　各適量
*ラードを使うとコクが出る。ラードの代わりにベーコンの量を増やしてもよい。

作り方
1　キャベツの芯をつけたまま4〜6等分にする。タマネギと生ベーコンは薄切りにし、ニンニクは包丁の腹でつぶす。
2　鍋にラードとサラダ油を熱し、タマネギとニンニクをさっと炒める。タマネギの上に、キャベツの切り口を下にしてすき間なく敷き詰める。
→キャベツが重ならないよう、ぴったりな大きさの鍋を選ぶ。
3　水を注いで生ベーコン、タイムを入れ、粗塩をふる。ふたをして中火で20分ほど蒸し煮にする。
→180〜200℃のオーブンで20分ほど加熱してもよい。

2色キャベツのガレット

緑と紫のキャベツはそれぞれ炒めて水分をとばし、
旨みと香りを引き出してから生地に重ねます。
ブリオッシュがなければ、パン粉をバターで炒めて風味をアップ。
生地もキャベツもブリオッシュもサクサク、が理想です。

材料［1枚分］
キャベツの葉　2〜3枚
紫キャベツの葉　2〜3枚
トマトソース*　大さじ2
タルト生地（25cmの円にのばす）*　1枚
グリュイエールチーズ　適量
ブリオッシュ（あれば）　適量
塩、黒コショウ　各適量
オリーブ油　適量
タイム　7〜8本
*トマトソースの作り方
それぞれみじん切りにしたエシャロット大さじ1/2とニンニクひとつまみをオリーブ油で炒め、粗みじんに切ったトマト3個を加えて煮詰める。好みでエストラゴンの酢漬け1本をきざんで加える。
*タルト生地の作り方はP.68参照。

作り方
1　タルト生地を230℃のオーブンで15分ほど焼く。
2　キャベツと紫キャベツの葉を半分に切る。バットに塩、黒コショウをふってキャベツをのせ、上からも塩、黒コショウをふる。
3　フライパンにオリーブ油を熱し、*2*のキャベツを入れて、それぞれ両面を軽く焼きつける。
4　*1*にトマトソースをぬる。*3*のキャベツを平らに並べ、グリュイエールチーズをふる。ブリオッシュを細かくほぐしてふりかけ、もう一度キャベツ→グリュイエールチーズ→ブリオッシュの順にのせる。タイムを枝ごとのせ、200℃のオーブンで10分ほど焼く。

塩もみキャベツ

材料［2人分］
キャベツ　1/4個
キュウリ　1本
大葉ジソ　適量
塩　適量

作り方
1　キャベツを繊維に沿って好みの幅に切る。キュウリは薄い輪切りに、大葉ジソは細切りにする。
2　キャベツとキュウリをそれぞれ塩もみし、水気をきって合わせる。大葉ジソを混ぜる。

パリパリの春キャベツとキュウリに、
爽やかなシソの香り。
フランス料理でもなんでもありません。
僕の大好きな食べ方、ふるさとの味です。
キャベツは手でちぎっても粗くきざんでも。
冬キャベツでもおいしくできますよ。

じゃがいも

　ふかしたじゃがいもに塩をふって食べる。子どものころ、一番旨いと思っていました。もちろん、今も大好き。派手さはないけど、大地のエネルギーをしっかり受け入れて育った力強さと、包み込むようなやさしさがじゃがいもにはある。けっしてイケメンじゃないけど、なんかほっとする。そんなかしこまらない感じが魅力です。

　ラ・ブランシュには「イワシとじゃがいもの重ね焼き」という長年作り続けている料理があり、そのため、僕は毎日じゃがいもを使います。年中出回るじゃがいもも、品種や時期によって味わいや食感はだいぶ変わります。理想は熟成して糖分をたくわえたもの。キタアカリを比較的よく使いますが、それも時にやや大味だったり水っぽかったり。だから、僕は常にじゃがいもを探していて、何種類か取り寄せては味をみて、時にはいくつか組み合わせて毎日ベストなものを選びます。パチッと決まらないこともあるけれど、おもしろい。僕の周りはいつもじゃがいもだらけです。

　僕が修業したフランスもじゃがいも大国で、ステーキにはフリットやピュレをこれでもかと添えるほど、みんなじゃがいもが好き。フランスのじゃがいもは一様に味が濃厚ですが、「シンプルに食べるのが一番」という点は共通しています。じゃがいもを崩れるまで柔らかく煮たポム・ランデーズ（P.35）や、バターと生クリームを使わず、牛乳だけで作るポム・ピュレ（P.37）は、じゃがいもの滋味がじんわりしみる料理。作り方もシンプルなので、好みのじゃがいもでぜひ一度試してみてください。

季節

新じゃがは5月、6月ごろ。新じゃがもおいしいが、個人的には貯蔵によって熟成し、甘みが増したものを好んで使う。北海道産の場合、そうしたじゃがいもは11月から翌3月ごろまで。ほかの時期は、いろいろなじゃがいもを試し、そのつど気に入ったものを使う。

保存する

冷暗所で保存する。芽が出ない温度帯（5℃前後）が理想だが、夏場はもう少し温度が高くなるので、使うぶんをマメに仕入れる

選ぶ

ツヤがあり、持った時にずっしり重みを感じるもの。右の写真は左上から時計周りにキタアカリ、アンデスレッド、シャドークイーン、ノーザンルビー。好みのじゃがいもを使ってください。

下処理

水洗いし、必要であれば皮をむく。

僕が毎朝欠かさず仕込む「イワシとじゃがいもの重ね焼き」という料理があります。
その大好きなイワシとじゃがいもの組み合わせを、シンプルなサラダに。
手でほぐしたアツアツのじゃがいもにイワシをのせ、
きざんだパセリをバーッと散らします。
じゃがいもはねかせて甘みやホクホク感が増したものが、
イワシは味が濃厚なヒシコイワシ（セグロイワシ）がおすすめ。
白ワインによく合います。

じゃがいもと
イワシの温かいサラダ

材料［4人分］
ジャガイモ　大2個
ヒシコイワシ　16尾
エシャロット（みじん切り）　大さじ2〜3
塩、黒コショウ　各適量
オリーブ油　適量
パセリ（みじん切り）　適量

作り方
1　イワシの頭を切り落とし、腹から内臓を取り出す。手で開いて中骨を取り除き、水で洗う。バットに塩をふってイワシをすき間なく並べ、上からも塩をふる。オリーブ油を回しかけ、エシャロット半量をふる。
2　ジャガイモを蒸し、熱いうちに皮をむいて適当にほぐす。ボウルに入れ、強めの塩、黒コショウと残りのエシャロットをふる。手で底から混ぜる。
3　皿に2のジャガイモを盛り、1のイワシをのせる。パセリをたっぷりふる。

じゃがいもと紫キャベツのサラダ

材料［2人分］
ジャガイモ　2個
粗塩、黒コショウ　各適量
○紫キャベツのサラダ
　　紫キャベツの葉　4〜5枚
　　エシャロット（みじん切り）　大さじ1
　　塩、黒コショウ　各適量
　　グラニュー糖　ひとつまみ
　　オリーブ油　大さじ2
　　シェリーヴィネガー　大さじ1

作り方
1　紫キャベツのサラダを作る。紫キャベツの葉を半分に切り、オリーブ油を熱して両面をさっと焼きつける。5mm幅に切る。
→キャベツを焼くことで水分をとばし、味を凝縮させると同時に、油でコーティングすることで、ジャガイモにのせた時にも水っぽくならない。
2　1にエシャロット、塩、黒コショウ、グラニュー糖を加えて混ぜる。オリーブ油とシェリーヴィネガーも加え、手であえる。
3　ジャガイモを蒸す。熱いうちに皮をむいて厚さ1cmに切る。
4　皿に3を並べ、粗塩を2〜3粒ずつのせて黒コショウをふる。その上に紫キャベツのサラダを盛る。

紫キャベツのサラダをドレッシング代わりにして、
ふかしたじゃがいもをシンプルに味わいます。
じゃがいもは味が濃厚で形が崩れにくいものを。
じゃがいもと紫キャベツのがっぷりよつ。大好きな食べ方です。

じゃがいものオーブン焼き、サヴォワ風

材料［5～6人分］
ジャガイモ　5個
タマネギ　1個
ニンニク　1粒
チーズ（トム・ド・サヴォワ）　200g
サラダ油　適量
塩、黒コショウ　各適量

作り方
1　ジャガイモの皮をむき、ひと口大に切る。タマネギは薄切りに、ニンニクは薄皮をむく。
2　フライパンにサラダ油を熱し、タマネギとニンニクを炒める。5分ほど炒め、タマネギから水分が抜けてきたらジャガイモを入れ、からめながら炒める。塩、黒コショウをふる。
3　ジャガイモにある程度火が入ったら、チーズをちぎってランダムに重ねる。ふたをせずに200℃のオーブンに入れ、30分ほど焼く。
→ジャガイモに火が入り、表面が香ばしく色づけばよい。

フランス南東部・サヴォワ地方は畜産がさかんで、乳製品も豊富。
たっぷりのチーズと一緒にじゃがいもを味わいます。
まとめて作り、鍋ごとテーブルに運んで大胆に食べてほしい。

ポム・ランデーズ

材料［2人分］
ジャガイモ　2個
ニンニク（みじん切り）　小さじ½
鴨の脂またはラード　小さじ1½
水　約150cc
粗塩　ひとつまみ
パセリ（みじん切り）　適量

作り方
1　ジャガイモの皮をむき、厚さ2mmに切る。さっと水洗いする。
2　鍋に*1*とひたひたより少なめの水、ニンニク、鴨の脂を入れ、粗塩をふって弱火で12〜13分煮る。
3　ジャガイモが煮崩れるか崩れないかくらいになったら火を止め、パセリをたっぷりふる。

memo
動物性脂肪のコクがおいしさのポイントです。

直訳すると「じゃがいものランド風」。
じゃがいもと鴨はランド地方の名産で、このポム・ランデーズにも鴨の脂を使います。
大地の香りのじゃがいもに、鴨の脂のコクがしみ込んだ贅沢さ。
店では、焼いた魚や鶏に添えてソース代わりにするのが定番ですが、
そのまま食べても充分おいしい。
たっぷりの水分で滋味深い、まるでじゃがいものおかゆです。

じゃがいものグラタン

材料［2人分］
ジャガイモ　2個
水　100cc
鴨の脂またはラード　小さじ2
ニンニク（みじん切り）　小さじ½
粗塩　ひとつまみ
パン粉*　適量
＊パン粉はできるだけ目の細かいものを。
固くなったバゲットを細かくすりおろして使ってもよい。

作り方
1　ジャガイモの皮をむき、厚さ2〜3mmに切る。さっと水洗いし、小鍋に重ねて入れる。
2　パン粉以外の材料を加え、水分がなくなるまで弱火で20分ほど煮る。
3　ジャガイモが煮崩れて形がなくなってきたら、パン粉をすき間なくかける。サラマンダー（上火のオーブン。または250℃のトースター）で、香ばしく色づくまで5分ほど焼く。

ポム・ランデーズが余った時に、パン粉をふって焼いてみたのが原型。
形がなくなるくらいまでジャガイモを柔らかく煮て、
できるだけ目の細かいパン粉をふると、上品に仕上がります。

ポム・ピュレ

材料 [4～5人分]
ジャガイモ　2個
牛乳　約200cc
塩、白コショウ　各適量
グラニュー糖　少量

作り方
1　ジャガイモを蒸し、熱いうちに皮をむいて裏漉しする。
2　牛乳に塩、グラニュー糖を入れて温める。
3　*1*を鍋に移して弱火にかけ、*2*を少しずつ加えながら混ぜ合わせる。ジャガイモの状態を見ながら、牛乳の量を調整する。
→鍋底のジャガイモが焦げないよう、意識して底から混ぜる。
4　塩、白コショウで味をととのえる。

memo
ジャガイモを裏漉しする時は、粘りが出ないように。ジャガイモを上から押さえて叩き落とすようにして漉します。パサパサしているほうが牛乳となじみやすいのです。

生クリームやバターをたっぷり使ったなめらかなポム・ピュレは
たしかにおいしいけれど、僕に言わせれば「じゃがいものくせ伯爵ヅラするな！」。
だから牛乳だけで作ります。なめらかさでは負けるけど、
食べた瞬間にじゃがいもの風味が口いっぱいに広がります。

「ブランダード」は柔らかく煮た干しダラとじゃがいもを練り合わせた、
ポルトガルやスペイン、フランス南部で広く食べられる料理。
そのブランダードと同じ味の構成で、じゃがいもも
タラも形を残して食べるスープのように仕立てました。
干しダラは手に入りづらいので、生のタラに強めに塩をしてしばらく置きます。
もちろん煮崩れてもおいしいですよ。

タラとじゃがいもの
ブランダード風

材料［4人分］
ジャガイモ　4個
タラ（切り身）　200〜250g
牛乳　400cc
オリーブ油　大さじ1
ニンニク（半分に切る）　1粒
タイム　3本
塩　適量

作り方
1　タラを大きめに切り分け、強めに塩を
ふって1時間ほどおく。
→タラの塩気でスープの味を決めるつもりで、しっかり塩
をふる。
2　ジャガイモは蒸して皮をむき、食べやす
い大きさに切る。
3　鍋に牛乳とオリーブ油を入れて中火にか
ける。沸いたらニンニク、タイムを入れて弱
火にし、10分ほど煮出す。味が足りなければ
塩を加え、*1*のタラ、*2*のジャガイモを加えて
しばらく煮る。

じゃがいものスフレ

材料［5人分］
ジャガイモ　5個
○メレンゲ
　卵白　2個分
　塩　少量
○モルネーソース（作りやすい量）
　薄力粉　25g
　無塩バター　25g
　牛乳　250cc
　パルメザンチーズ　大さじ1～2
　卵黄　½個分

作り方
1　ジャガイモを皮つきのまま蒸し、一部を切り落として中をくり抜く。くり抜いたジャガイモはP.37「ポム・ピュレ」の要領でピュレを作り、外側は器に使う。
→ピュレの材料は、くり抜いたジャガイモに対して牛乳200cc。塩、コショウ、グラニュー糖で味を整える。

2　卵白に塩を加え、角が立つまでよく泡立ててメレンゲを作る。

3　モルネーソースを作る。フライパンに薄力粉と無塩バターを入れ、ごく弱火で7～8分、粉気がなくなるまで炒める。なめらかになったら中火にし、牛乳を少しずつ加えてのばす。パルメザンチーズ、卵黄を順に加え、そのつどなめらかになるまでよく混ぜる。

4　モルネーソースと*1*のジャガイモのピュレを同量ずつ混ぜ合わせる。*2*のメレンゲを加え、混ぜ合わせる。

5　*1*でくり抜いたジャガイモの器に*4*を詰め、200℃のオーブンで10～12分焼く。

蒸したジャガイモをくり抜いたケースに、じゃがいもとメレンゲ、モルネーソースを合わせたスフレ生地を流し、焼き目がつくまでオーブンへ。好みでナツメグを加えると、濃厚な味が引き締まります。

じゃがいもとブルーベリー、サワークリームの重ね焼き

材料［2人分］
ジャガイモ　2個
ブルーベリージャム　好みの量
生ベーコン（細切り）　適量
サワークリーム　適量
バター　適量
粗塩、黒コショウ　各適量

作り方
1　ジャガイモを蒸して、皮つきのまま厚さ1cmの輪切りにする。粗塩、黒コショウをふる。
2　耐熱皿にジャガイモを並べる。ブルーベリーのジャムをのせ、生ベーコンを挟みながらジャガイモを重ねる。最後にサワークリームをのせ、厚めに切ったバターを5〜6枚散らす。
3　250℃のオーブンで5分ほど焼く。

memo
写真のジャガイモはアンデスレッド。サワークリームの代わりにヨーグルトやフロマージュ・ブランで作ってもおいしいです。

ずいぶん前、僕の店で働いていたローザンヌ出身のスタッフが
最後に作ってくれた料理。じゃがいもにジャム？　これはデザート？
半信半疑だったが、食べてみるとこれが旨い！

アスパラガス

　どの野菜もそうだが、アスパラガスはとりわけ1本まるごとで味わいたい。穂先には芽吹く部分ならではの柔らかさや甘みが、根元には根元なりの食感と旨さがあって、1本食べることでどちらのよさも感じられます。フランスではアスパラガスは春を呼ぶ野菜。日本のタケノコみたいな感じで、季節になると八百屋の店頭には束ねたものがずらりと並び、家でもレストランでもこぞって食べます。もちろん1本まるごとで。フランス人は、根元から食べていく人が多いかな。

　ヨーロッパではアスパラガスをくたくたにゆでるのが一般的なのに対し、僕は食感が残るくらいが好き。グリーンアスパラガスはとれたてならば1分もゆでず、中心はまだ生かなというくらいに。ホワイトアスパラガスはもう少しゆでるけど、わずかに食感が残るように意識します。ホワイトアスパラガスは以前、「香りをのせるために」とむいた皮も一緒にゆでていたけど、香り以外にえぐみも出る気がして、今は入れていません。

　ゆでたてのアツアツもいいけど、僕はティエド（ほの温かい）くらいが香りが一番立つと思う。ゆでたアスパラガスをすぐ氷水に落とすのは、それ以上火が入らないようにするためですが、結果的に風味がよくわかる温度になります（ゆで方はP.9参照）。

　フランスではサバイヨンソースやマヨネーズ、ゆで卵をきざんだミモザと食べるのが定番で、アスパラガスと卵は黄金の組み合わせ。ココットにアスパラガスと卵黄を入れてチーズを散らしたグラタンなども簡単でおすすめです。

季節

グリーン、ホワイトとも旬は春先から6月ごろ。グリーンは関東より北、たとえば長野、福島、北海道のものを使うことが多い。ホワイトアスパラガスは味が濃く、軽いえぐみも併せ持ったフランス産が好き。

選ぶ

全体にずんぐりとして重みがあり、まっすぐ伸びた形のもの。主役にするなら太いほうがいい。新鮮で切り口がみずみずしいもの。先細りのもの、穂先が折れたり軸が割れているものは避ける。

保存する

収穫した瞬間から風味が落ちていくので、なるべく早く使う。新聞紙で包んでから固く絞った濡れタオルで包み、冷蔵庫ではなく冷暗所で保存する。

下処理

根元のほうの、手でポキッと折れる固いところは取り除く。ホワイトは穂先の部分を残して、グリーンは根元のほうだけ皮をむく。穂先はさっと水洗いするだけでよい。

僕はグリーンアスパラガスを固めにゆでるのが好き。
採れたてなら1分もゆでないで引き上げ、
それ以上柔らかくならないように氷水にさらします。
塩こうじというと和のイメージだけど、
野菜本来の甘み……アスパラガスでいえばどこか土っぽい感じ、
根菜らしい甘みを引き出してくれます。
たっぷりのセルフイユを組み合わせることで、アスパラガスの風味が
いっそう強調され、贅沢感のある、洋の雰囲気に仕上がります。

グリーンアスパラガスの
塩こうじソース

材料［2人分］
グリーンアスパラガス　4本
粗塩　適量
○塩こうじのソース（作りやすい量）
　塩こうじ　大さじ½
　はちみつ　小さじ½
　オリーブ油　大さじ½
　シェリーヴィネガー　少量
セルフイユ　好みの量

作り方
1　塩こうじのソースを作る。小さなボウルに塩こうじ、はちみつ、オリーブ油を入れ、よく混ぜる。少量のシェリーヴィネガーを加え、味を引き締める。
2　グリーンアスパラガスは、根元のほうだけ皮をピーラーでむく。
3　アスパラガスがまるごと入る鍋に湯を沸かし、3％量の粗塩を入れる。弱火にして*2*のアスパラガスを入れ、歯ごたえが残る程度に静かにゆでる。それ以上火が入らないように氷水にさらし、引き上げて水気をふきとる。
4　ボウルにアスパラガスと、アスパラガスにからむ程度の量の*1*のソースを入れ、全体にまとわせる。セルフイユの固い茎を除いて加え、ざっと合わせたら皿に盛る。

どの野菜も、まるごと味わう醍醐味をいつも意識しています。
ホワイトアスパラガスの場合は、穂先のホクホク感と、
根元に近いほうの繊維が強い部分の両方を味わってほしいから、
根元もゆでて食べやすいように細かくきざみ、
オリーブ油と合わせてソースにします。ホワイトアスパラガスは柔らかくなる
一歩手前くらいのゆで加減が好み。グラグラと沸かした中でゆでると
穂先がぶつかって形が崩れるので、弱火で静かに火を入れていきます。

ホワイトアスパラガス、
ヴィネグレット風味

材料［2人分］
ホワイトアスパラガス　5本
粗塩　適量
○ホワイトアスパラガスのソース
｜ホワイトアスパラガスの根元　2〜3本分
｜オリーブ油　小さじ1
｜白コショウ　少量
ドレッシング（P.86）　適量

作り方

1　ホワイトアスパラガスは根元のほうの固い部分を切り落とし、穂先を残して皮をピーラーでむく。

2　ホワイトアスパラガスが丸ごと入る鍋にお湯を沸かし、3％量の粗塩を入れる。

3　アスパラガスの穂先を束ねて持ち、まず下のほうを湯につけて30秒ほどゆでる。全体を湯に入れ、静かに7〜8分ゆでる。*1*で切り落とした根元の部分もゆでる。

4　完全に柔らかくなる手前で取り出し、それ以上火が入らないよう氷水にさらす。水気をふき、軽く温めてからオリーブ油をからめる。

→ゆで汁は少し取っておく。アスパラガスは温めず、常温で食べてもおいしい。

5　ホワイトアスパラガスのソースを作る。*3*のアスパラガスの根元をみじん切りの要領で刃叩きにする。オリーブ油と白コショウを加え混ぜる。味をみて、足りなければ取りおいたゆで汁を少し加えて調整する。

→あまり細かくしすぎず、粒感を残す。

6　皿に*5*のソースを敷き、*4*のアスパラガスをのせる。上からドレッシングをたらす。

アスパラガスに衣をつけて揚げると、
旨みが閉じ込められ、ホクホク感が出てきます。
縦に切り分けることで穂先も根元も一度に味わえるように。
あえて均一の太さにせず、厚いところ、
薄いところがあるほうがいろんな食感が楽しめます。
衣もついているところとついていないところがあってOK。
フレッシュ感を残したいのでグリーンアスパラガスの
揚げすぎは禁物。先にホワイトアスパラガスから揚げ始め、
途中でグリーンを加えて同時に仕上げます。

2色アスパラガスのベニエ

材料 ［2人分］
グリーンアスパラガス　2本
ホワイトアスパラガス　2本
○ベニエ生地
　薄力粉　50g
　インスタントドライイースト　1g
　ビール　20cc
　水　70cc
揚げ油　適量
塩　適量
○緑のマヨネーズ (作りやすい量)
　タマネギ　1個
　コルニション　100g
　パセリ　大1束
　バジルの葉　3〜4枚
　マヨネーズ　200g
　塩、オリーブ油　各適量

作り方
1　緑のマヨネーズを作る。タマネギはみじん切りにして塩もみし、水にさらしてから水気をきる。コルニションはみじん切りに、パセリとバジルの葉は塩ひとつまみとオリーブ油と一緒にミキサーにかける。すべてマヨネーズと混ぜ合わせる。
2　2色のアスパラガスはそれぞれ1本を縦半分に切り、それをさらに3等分にする。
3　ベニエ生地を作る。ボウルに薄力粉とインスタントドライイーストを入れて混ぜ合わせ、ビールと水を加えて泡立て器で混ぜる。ラップ紙をかぶせ、室温に20〜30分おく。
4　アスパラガスにベニエ生地を全体に薄くまぶす。
5　170℃の油で二度揚げする。油をきり、塩をふる。皿に盛り、緑のマヨネーズを添える。

かぶ

　かぶは僕にとってエポックメイキングな素材。30年以上前、店をオープンして少し経ったころにいただいたのが、狭山の農家の方が作るかぶでした。この出会いが、その後の野菜の使い方、ひいては自分の料理を方向づけることになるとは……。

　そのかぶは、とにかく力強くて、焼いても崩れない。実はもちろん、茎も葉もおいしい。それを生かすために「かぶだけで一品作ってみよう」と考えたのが、焼きかぶのサラダ（P.52）です。かぶ全体を食べてほしいから、皮もむかず、葉もひげ根もつけたままこんがりとソテー。そこに生のかぶのすりおろしをソース代わりに添えて、かぶが持つやさしい甘さ、なめらかさをプラスします。焼いたかぶと生のかぶ、ダブルの旨さを盛り込んだ、かぶづくしの一皿。作り始めた30年前はまだ「レストランで野菜だけの料理を出すなんて」と珍しがられた時代です。ところが、すぐにお客さんに受け入れられ、「あのかぶ、また食べたい」とリクエストをもらうように。今の僕の野菜の使い方は、ここから始まったと言っても過言ではありません。

　僕は実のきめが細かくて、歯にまとわりつくような冬のかぶが好き。そういうかぶが届いた時は、嬉しくてワクワクしながら料理を作ります。冬かぶの凝縮した味わいに対して、春先のかぶはみずみずしく心地よい歯ごたえが特徴。サラダやマリネなど、生のままでパリパリ感を楽しむような食べ方が向いています。

季節
小かぶは通年出回るが、12月から翌2月ごろの寒くなって甘みをたくわえたものはとくにおいしい。春のかぶはみずみずしく、柔らかいのが特徴。

保存する
寒い時期のかぶは、新聞紙に包んで冷暗所で保存する。少し日持ちさせたい時は、葉を切り落とす。

選ぶ
実が白くてツヤがあり、持った時に重みがあるもの。僕が茎の短いものを選ぶのは、寒くて茎が成長していない、つまり実に甘さをたくわえている目安になるため。

下処理
水洗いし、ヘタを切り落とす。皮に風味があるので、基本的に皮つきで使いたい。

かぶを焼いて食べたこと、ありますか？
こんがり焼いたかぶの旨さを、生のかぶをすりおろしたソースで
味わうこのサラダは、僕のお気に入り。お店でも毎年作っています。
皮も葉もつけたまま調理して、かぶを全部味わうのが醍醐味。
ソースのやさしい甘さと葉の青い香りがクセになりますよ。

焼きかぶのサラダ、かぶのソース

材料［2人分］
カブ（葉つき）　1個
塩、グラニュー糖、黒コショウ　各適量
オリーブ油　大さじ2
○カブのソース
　カブ　1個
　オリーブ油　大さじ½
　塩、黒コショウ　各適量
　赤粒コショウ　適量

作り方
1　カブのソースを作る。カブの実を皮つきのままおろし金ですりおろす。オリーブ油、塩、黒コショウを加えて混ぜ、赤粒コショウを指でつぶしながら加える。カブの甘みが強ければ、黒コショウを多めに。
2　カブを葉つきのまま厚さ5mmに切る。葉と実を一緒に味わえるよう、縦に切る。
3　バットに塩、グラニュー糖、黒コショウを順にふる。そこにカブを並べ、上からも塩、グラニュー糖、黒コショウをまんべんなくふる。葉にも忘れずに。
→グラニュー糖をふると、きれいに焼き色がつく。
4　フライパンにオリーブ油を引き、強火にかける。カブを入れて両面を香ばしく焼く。
5　皿に*1*のカブのソースを敷き、*5*を盛る。

memo
水分の多いカブを上手に焼くポイントは、「多めの油で強火で一気に」。歯ごたえを残すよう、裏返すのは一度のみ。葉は焦げても構わないくらいの思い切りが大事です。

香ばしく焼いたかぶそのままのスープです。
焼くことで上品なかぶに力強さが加わり、
だしがなくてもいい味が出ます。
煮立たせないようにして、スープを透明に仕上げます。

焼きかぶのスープ

材料［1〜2人分］
カブ（葉つき）　1個
生ベーコン*（1cm幅に切る）　1枚
ニンニク（みじん切り）　少量
水　200cc
バジルペースト（あれば）　小さじ1
塩、黒コショウ　各適量
薄力粉　少量
オリーブ油　適量
＊生ベーコンがなければ、普通のベーコンでOK。

作り方
1　カブを葉と実に切り分け、葉はざく切りに、実は皮つきのままくし形に8等分する。
2　切り分けたカブに塩と黒コショウをふり、表面に薄く薄力粉をまぶす。
→粉をまぶすことで、焼き色がきれいにつく。
3　ココットなど厚手の鍋にオリーブ油を引いて中火で熱し、2を入れる。焼き色がついたらカブの向きを変え、じっくり、香ばしく色づける。
4　生ベーコンとニンニクを加え、さっと火が通ったら水を加える。ふたをして、ごく弱火でカブが柔らかくなるまで10分ほど煮る。
→スープがにごるので、沸騰させないこと。
5　仕上げにカブの葉とバジルペーストを加え、塩、黒コショウで味をととのえる。

「ファルシ」は詰めものをした料理のこと。
中に詰めたトマトの凝縮感が、かぶのやさしい甘さをいっそう引き立てます。
かぶは葉も茎もおいしいので、たっぷり添えて。
パルメザンチーズやグリュイエールチーズをかけてもおいしいです。

かぶのファルシ

材料［2人分］
カブ（葉つき）　2個
残ったパン＊　1かけ
牛乳　適量
トマト（粗くきざむ）　½個
パセリ（みじん切り）　適量
水　少量
バター　少量
塩、黒コショウ　各適量
マジョラム（あれば）　2本
＊少し固くなったバゲットなど、なんでもOK。

作り方
1　カブの葉を、少し実をつけて切り落とす。実のほうはスプーンで果肉を少しくり抜き、くりぬいた実は粗くきざむ。
2　残ったパンを牛乳にひたし、軽く絞ってからちぎる。トマト、パセリ、*1*できざんだカブを混ぜ合わせ、塩、黒コショウで味をととのえる。パセリはたっぷりと。
3　くり抜いたカブに*2*をあふれるくらいに詰める。鍋や耐熱容器に移し、少し水をかけてからバターをのせる。カブの周りに葉を敷き詰め、マジョラムをちぎって散らす。
4　アルミ箔をかぶせ、210℃のオーブンで20～30分焼く。

かぶのまるごとロースト

材料 [1人分]
カブ（葉つき）　1個
粗塩　適量
カソナード*　適量
ディル　1本
＊粗糖。赤っぽい色で独特のコクがある。
なければ、三温糖など茶色い砂糖を使う。

作り方
1　カブは葉つきのまま、皮をむかずに使う。実の表面に粗塩とカソナードをふる。
2　1とディルをアルミ箔で包む。200℃のオーブンで25分ほど、カブが柔らかくなるまで焼く。
3　アルミ箔をはずしてカブを皿に盛り、焼き汁をかける。
→焼き汁が少ない場合は水でのばす。

シンプルなのに野暮にならないのは、粗塩とカソナードのおかげ。
まろやかさとコクが、かぶの持ち味をじわじわ引き出します。
ディルの代わりにタイムを使っても。

かぶと黄金柑のサラダ

材料［1〜2人分］
カブ（葉つき）　1個
えごま　ひとつまみ
黄金柑*　½個
塩、黒コショウ　各適量
オリーブ油　少量
＊薄く黄色い皮が特徴の、小ぶりの柑橘。果肉はジューシーで、さっぱりした甘みと華やかな香りを持つ。

作り方
1　カブの葉を切り落とし、沸騰したお湯にくぐらせる。氷水につけて急冷し、水気を絞って3等分にする。
2　実は茎と皮をつけたまま、縦に厚さ1.5mmの薄切りにする。
3　ボウルに1と2を入れ、塩、黒コショウをふって手でやさしく混ぜる。オリーブ油とえごまを加え、なじませる。
4　皿に盛り、皮ごと切り分けた黄金柑を散らす。

memo
春先のカブのように水分が多い野菜を生で食べる時には、ヴィネガーのダイレクトな酸味は強すぎる。ヴィネガーを加えたくなったら、シェリーヴィネガーを少しだけどうぞ。

春先の黄金柑がかぶの旨さを上品に引き出します。
かぶのみずみずしさとパリパリ感を味わうため、
オリーブ油であえたらすぐに盛りつけます。

たまねぎ

　春先の新たまねぎが、水分をたくさん含んでみずみずしく、鱗片も厚いのに対し、通年出回るたまねぎは、干して水分をとばしているため味も香りも凝縮しています。同じたまねぎだけど、持ち味が違う。当然、食べ方も変わります。

　甘みも辛みもおだやかな新たまねぎは、炒めたり煮込んではその持ち味は生かせません。たまねぎのミ・キュイ（P.62：ミ・キュイは半分加熱したという意味）のように生の食感を残すように加熱したり、蒸し煮にしてミキサーでピュレにしただけのヴルーテ（P.64）など、シンプルな調理で新たまねぎらしい甘みを楽しみます。一方、干した茶色いたまねぎは、じっくり火を入れて味を引き出します。たまねぎのこんがり焼き（P.69）のように、厚めに切って香ばしく焼くだけで本当においしい。

　いずれにしても、たまねぎは生で食べるより火を入れることで旨さが爆発する、が僕の持論。ここで紹介した料理は、普段からお店で作っているものばかり。どれもシンプルで、本当に好きな食べ方です。

　また、紫たまねぎはニュアンスのある色と香りが魅力。野生味があるというのかな。スライスして生で使われることが多いけど、僕は焼いて食べると旨いと思う。水分が少ないため、ゆっくり加熱しても崩れるほど柔らかくならず、歯ごたえが残るのもいい。パイナップルと組み合わせたロースト（P.71）もおいしいです。

季節
新たまねぎは3月から5月くらい。乾燥させた皮が茶色のたまねぎと紫たまねぎは通年出回る。

保存する
水分が多い新たまねぎは、冷暗所もしくは冷蔵庫で保存。干したものと紫たまねぎは冷暗所で。いずれも皮をつけたまま保存する。

選ぶ
たまねぎ全般、大ぶりで皮にツヤがあるもの。持った時にずっしり重みがあるもの。

下処理
皮をむき、料理に応じて芯を取り除く。汚れがあれば水洗いする。

生のようで生ではない——この絶妙な仕上がりがこのたまねぎのおいしさ。
シャキシャキした食感は残りつつ、生のツンと尖ったところは一切なし。
たまねぎの中でも、ひときわ気に入っている食べ方です。
たまねぎは水分をたくさん含んで、1枚1枚厚みのある新たまねぎがベスト。
作り方自体はシンプル、でも、タイミングがちょっとむずかしい。
食感が残るギリギリのところで引き上げ、余熱で柔らかくならないように
たまねぎをよく冷やしたボウルにすばやく移し、一気に冷やします。
僕自身、今でも失敗することも。コツをつかむまで何度かチャレンジしてみてください。

たまねぎのミ・キュイ

材料［4人分］
新タマネギ　1個
水　80cc
粗塩　ひとつまみ
グラニュー糖　少量
オリーブ油　大さじ1
タイム　4〜5本

作り方

1　新タマネギを片手に持ち、根元のほうからペティナイフで切り込みを入れ、3cm幅ごと1枚ずつ切り取る。
→くし型に切り、1枚ずつばらしてもよい。

2　鍋に水、粗塩、グラニュー糖、オリーブ油を入れて中火にかける。沸いたらタイムを加える。

3　タイムの香りが立ったら*1*のタマネギを入れ、煮汁をからめながらゆっくり火を入れる。タマネギから水分が出て、真っ白から乳白色くらいに色が変わったら火を止める。
→タマネギに完全に火が入る前に引き上げてシャキッとした食感を残す。ミ・キュイは「半分加熱した」という意味。タマネギが透明になると火が入りすぎ。

4　すぐに煮汁ごとボウルに移し、氷水にあてる。静かに全体を混ぜながら冷まし、煮汁とタマネギを乳化させる。

たまねぎは炒めません。ブイヨンもだしも使いません。
たまねぎと水だけで作り、たまねぎのピュアな味を食べ尽くします。
シンプルだけど口の中に旨さがじんわり広がるポタージュ。
新たまねぎで作り、フレッシュな甘みを堪能します。
とろりと溶けたブルーチーズの塩気とローズマリーの香りがアクセント。
お客さんに提供する時は、香ばしく焼いたフォワグラを添えています。

新たまねぎのヴルーテとブルーチーズ

材料［6人分］
新タマネギ　500g
水　250cc
ジャガイモ（薄切り）　¼個
粗塩　6g
ブルーチーズ　適量
ローズマリー　少量

作り方
1　新タマネギの皮をむき、ヘタとお尻の部分を切り落としてから縦に半分に切る。筋に対して垂直になるように3等分にする。
2　タマネギの切り口を下にして、できるだけ重ならないように鍋に並べる。少量の水（分量外）と粗塩を加える。
→切り口を鍋に直接あてることで、タマネギから水分が出やすくなる。
3　ふたをしてごく弱火にかけ、30分ほど蒸し煮にする。タマネギに完全に火が入る少し前に水を加え、とろみづけにジャガイモを入れる。7〜8分弱火で煮る。
4　タマネギとジャガイモが完全に柔らかくなったら、煮汁ごと氷水につけて粗熱をとる。
5　ミキサーにかけてなめらかなピュレにし、味をみて足りなければ塩を加える。
→ヴルーテはフランス語で「なめらかな」という意味。この状態をP.68「たまねぎのアイスクリーム」に使う。
6　器に盛り、軽く温めたブルーチーズとローズマリーを添える。

まるごとたまねぎのジュレ

材料 ［8×16×高さ6.5cmのテリーヌ型1台分］
新タマネギ　2個
水　300cc
白ワイン　200cc
塩　ひとつまみ強
はちみつ　大さじ1強
白ワインヴィネガー　大さじ1強
板ゼラチン＊　9g
ハーブ（セルフイユ、エストラゴン、ディル）
　適量
＊板ゼラチンは冷水につけてふやかし、使う時に水気を絞る。

作り方
1　鍋に水、白ワイン、塩、はちみつ、白ワインヴィネガー、ゼラチンを入れて一度沸かしてゼラチンを溶かす。味をととのえる。
2　新タマネギの皮をむき、まるごとテリーヌ型に入れ、*1*を流す。アルミ箔をかぶせ、180℃のオーブンで30分ほど加熱する。
→タマネギのシャキッとした食感は残す。
3　いったんオーブンからを取り出し、細かくきざんだハーブをたっぷり散らす。今度はアルミ箔をかけずに、温度を200℃に上げたオーブンに2～3分入れてハーブの香りを立たせる。
4　テリーヌ型ごと氷水にあて、粗熱がとれたら冷蔵庫に入れて冷やす。
5　適宜に切り分け、器に盛る。

新たまねぎならではの甘さとみずみずしさを、
白ワインベースの爽やかなジュレが引き立てます。
たまねぎはまるごと使って、シャクシャクした食感を強調。
ジュレが口の中で溶けるにつれ、ハーブの香りがいっぱいに広がります。

067

これはラ・ブランシュの定番アミューズ。たまねぎが持つ力強さを、やさしい味わいのアイスクリームが際立たせてくれます。アイスクリームは新たまねぎで作るとすごく甘くなりますよ。

たまねぎのタルトとアイスクリーム

材料［6人分］
○タマネギのタルト
　タマネギ　1個
　タルト生地*（10×20cm）　2枚
　粗塩　適量
○タマネギのアイスクリーム
　タマネギのピュレ*　300g
　牛乳　120cc
　塩　ひとつまみ
　グラニュー糖　30g
＊ P.65「たまねぎのヴルーテ」を使用。

memo
タルト生地の作り方
中力粉250g、バター（きざんでおく）250g、水220cc、塩10gをフードプロセッサーに入れ、5秒くらいガガガッと混ぜる。台に取り出してひとまとめにし、ラップ紙などで密閉して冷蔵庫で40分ほどねかせる。市販のパイシートで代用可能。

作り方
1　タマネギのタルトを作る。タマネギを半分に切り、厚さ2mmにスライスする。
2　タルト生地を10×20cm、厚さ2mmにのばし、*1*のタマネギを少しずつずらして並べる。粗塩をふり、230℃のオーブンで15分ほど焼く。
→タマネギの生っぽさが残らないよう、しっかり焼いて味を引き出す。
3　食べやすいサイズに切り分ける。タマネギをバーナーであぶるかオーブンで焼き、タマネギの香りを立たせる。
4　タマネギのアイスクリームを作る。タマネギのピュレを牛乳でのばし、塩とグラニュー糖を加えて味をととのえる。冷凍庫に入れ、時々取り出してはスプーンでかき混ぜてなめらかなアイスクリームにする。

たまねぎのこんがり焼き

作り方［2人分］

1 タマネギ1個は皮をむき、厚さ1cmの輪切りにする。塩、黒コショウ、グラニュー糖を両面にしっかりふる。

2 フライパンを充分に熱し、サラダ油をひく。*1*のタマネギを入れ、強火で3〜4分じっくり焼く。こんがり色づいたら裏返し、同様に色づくまで焼く。

memo
タマネギは時期によって水分量が異なります。新タマネギの場合は焼く間に水分が出てくるので、強めの火加減で水気をとばすように焼き、ひねて水分が少なくなったタマネギは、やや弱めの火加減でじっくり焼いていきます。

カリッと焼いた表面の香ばしさ、
あまじょっぱさと、中のしっとりとした柔らかさ。
そのコントラストが心地よく、
ついもう一枚、一枚と食べたくなります。
ヨーグルトをさっとかけて黒コショウをガリリ。
そんな食べ方もいい。

紫たまねぎはじっくりローストしても、完全に甘くはなりません。
甘さと香ばしさの中に辛みがわずかに残って、
それがパイナップルの華やかな香りとよく合う。
紫と黄色のニュアンスがある色合いも気に入っています。

紫たまねぎのロースト、
パイナップル添え

材料［6人分］
紫タマネギ　3個
粗塩　適量
オリーブ油　少量
スナックパインまたはパイナップル　適量

作り方
1　紫タマネギを皮つきのまま半分に切り、
切り口を上にして天板に並べる。切り口に粗
塩をふり、オリーブ油を軽くふりかける。
2　240℃のオーブンに入れてローストする。
タマネギの香りが立ってきたら200℃に温度
を下げ、30分ほどじっくり焼く。
3　スナックパインを手でちぎり、オーブン
で軽くローストして甘酸っぱい香りを出す。
4　皿に紫タマネギを盛り、スナックパイン
を散らす。

紫たまねぎを赤ワインヴィネガーとはちみつでマリネするだけ。
作り方は簡単だけど、丸ごとマリネすることで、
外側はワインヴィネガーによって鮮やかな赤に、
芯に近づくにつれて薄いピンクに……。
そのグラデーションをどう表現するか。切り方を考えるのも楽しい。

紫たまねぎのグラデーション

材料［2〜3人分］
紫タマネギ　1個
赤ワインヴィネガー　300cc
はちみつ　大さじ1
粗塩　適量

作り方
1　鍋に赤ワインヴィネガー、はちみつ、粗塩を入れて火にかける。紫タマネギは外側の皮を1枚だけむく。
2　沸いたら紫タマネギを丸ごと入れ、火を止める。自然に冷ます。
3　好みの厚さに切り、皿に盛る。

ズッキーニ

　ズッキーニは懐が深い素材だと思う。さっと炒めてもじっくり煮込んでもおいしい
し、天ぷらにするのもいい。その持ち味は、コクのある旨さというのかな。フランス
のズッキーニ（クールジェット）が日本のものより甘みもコクもあって、煮込んでピュ
レにするなどしっかり火を通して味を引き出すのに対し、日本のズッキーニは水分が
多くて味もおだやか。たとえば多めの油で水分を外に出すように焼くと、ズッキーニ
らしいコクが出てきます。ズッキーニのソテー(P.76)は厚めに切ってじっくり焼くこ
とで、外はこんがり香ばしく、中は蒸したようにトロリ。シンプルだけど、持ち味が
存分に楽しめます。また僕は、ズッキーニのスパゲッティとヤリイカ(P.78)のように、
シャキシャキとした食感を残すような使い方も好き。これは日本人的な感覚ですね。
　ズッキーニのコクにキレを与えてくれるのがハーブ。ハーブの風味を野菜にしっか
りつけるのではなく、表面に香らせて爽やかさをプラスするイメージです。香ばしい
ソテーにはローズマリー、さっと炒めてフレッシュ感を生かす時には爽やかなセルフ
イユ、というように相性のよいハーブを見きわめると、ぐっと印象的な料理になります。
　なお、ズッキーニを使う時は基本的に皮つきで。皮のところに味があるから、むい
てしまうのはもったいない。色もきれいだし、皮からいい香りが出てきますよ。

季節
ズッキーニはカボチャ科なので、初夏から夏にかけ
て。産地にはとくにこだわりはない。

保存する
冷暗所で保存。よほど暑くなければ、冷蔵庫に入れ
る必要はない。

選ぶ
ツヤがあり、皮に縦に走るスジが見えるものを選ぶ。
中の種が熟して大きくなると果肉がふくらむので、
太すぎず、締まったものを選ぶ。

下処理
使う時に水洗いする。皮に風味があるので、基本的
に皮つきで使いたい。

厚めに切ったズッキーニをローズマリーと一緒にじっくり、
こんがり炒めるだけ。シンプルだけど、ズッキーニの持ち味を存分に楽しめます。
皮に風味があるので、忘れずに焼いて香りを引き出します。
好みで軽くレモンを搾っても。

ズッキーニのソテー、ローズマリー風味

材料［3〜4人分］
ズッキーニ　2本
ローズマリー　3本
塩、黒コショウ　各適量
オリーブ油　適量

作り方
1　ズッキーニを皮つきのまま厚さ3〜4cmの輪切りにする。両面に塩、黒コショウをしっかりふる。
2　フライパンにオリーブ油を熱し、*1*を重ならないように並べる。中火でじっくり焼き、きれいに焼き色がついたら裏返してさらに焼く。皮目も忘れずに焼く。
→皮からいい香りが出てくる。
3　焼き上がるタイミングでローズマリーを枝ごと加え、ざっと混ぜて香りを立たせる。皿に盛る。

火が入ったズッキーニのコクとトマトの甘酸っぱさ。味つけは粗塩のみ。タイムとエストラゴンはオーブンの熱があたるとぐんと香りが立ちます。

ズッキーニとトマトの重ね焼き

材料［作りやすい量］
ズッキーニ（緑、黄）　各1本
トマト　1〜2個
タイム　10本
エストラゴン　2〜3本
粗塩　適量

作り方
1　緑と黄色のズッキーニを皮つきのまま厚さ7mmの輪切りにする。トマトはそれより少し厚めの半月切りにする。
2　天板に緑ズッキーニ→トマト→黄ズッキーニ→トマト→緑ズッキーニ…と少しずつずらして並べる。粗塩をふり、タイムは枝のまま、エストラゴンは適宜にちぎってのせる。ハーブは天板のふちにものせる。
3　200℃のオーブンで20〜30分、野菜に火が入り、ふちに焼き色がつくくらいまで焼く。

スパゲッティのように細長く切り揃えたズッキーニは、
ほんの一瞬、さっと加熱してフレッシュ感と青くささを残します。
すぐに冷やしてシャキシャキした食感を大切に。
ズッキーニにからめたセルフイユの甘く爽やかな香りが、イカとよく合います。

ズッキーニのスパゲッティとヤリイカ

材料［3〜4人分］
ズッキーニ　1本
セルフイユ　好みの量
ヤリイカの胴　1杯
塩、黒コショウ　各適量
オリーブ油　適量

作り方
1　ズッキーニを縦に厚さ3mmにスライスし、それを3mm幅に切る。皮がついたところとそれ以外に分け、それぞれ塩、黒コショウをふる。セルフイユは大きめにちぎる。
2　フライパンにオリーブ油を熱し、まず皮つきのズッキーニを3秒ほど炒める。残りを入れてすぐに火からおろし、セルフイユを加えてざっと混ぜる。ボウルに移し、氷水にあてて粗熱をとる。
→冷蔵庫で冷やしておいたボウルに入れ、冷ましてもよい。
3　ヤリイカの胴を1cm幅の輪切りにし、塩、黒コショウをふる。フライパンにオリーブ油を熱し、イカをさっとソテーする。
4　ヤリイカを1切れずつ皿に盛る。*2*のズッキーニをスパゲッティのようにフォークでくるりと巻き、イカにのせる。

なす

　なすはフランスでもおなじみの野菜です。フランスのなすは大きくて皮も果肉も固め。大味だけど煮崩れしづらく、ラタトゥイユやキャヴィア・ドーベルジーヌ（焼きなすのペースト）、グラタンなど加熱して食べます。一方、日本のなすは身質も味わいも繊細。長なす、賀茂茄子などの丸なす、水なすなど形も種類もさまざま、地域色も豊かです。生でも食べられるので漬けものにするほか、焼く、煮る、揚げるなど、料理のバリエーションは日本のなすのほうがあるかもしれません。

　僕がおもに使うのは、千両なす。定番の食べ方はなすのブレゼ（P.84）で、油で揚げてからブーケ・ガルニやハーブと一緒に煮て、柔らかく仕上げます。これは、ラ・ブランシュの夏のメニュー、ガスパチョ（P.85）の主役。夏のみずみずしいなすで作っても、実が締まって旨みを増した秋なすで作ってもそれぞれおいしくできます。

　また、文字通り水分を多く含み、皮も果肉も柔らかい水なすもおもしろい素材。一般には漬けもの用ですが、僕はその水分を利用してマリネを作ります（P.82）。水なすを「焼きなす」にし、皮をむいてしばらくすると出てくる水分に調味料を加えて味つけ。その水なす風味のマリネ液で、焼きなすをマリネします。焼くことで柔らかくなった果肉と凝縮した水なすの風味をシンプルに味わう食べ方です。

　最近見かける緑なすには、紫色の色素（アントシアニン）がありません。果肉はきめ細かくしっとりとして、皮の影響か生で食べるとわずかにアボカドに似た青っぽさがある。緑なすのソテー（P.86）では、皮ごと塩もみした緑なすを細かくきざんでソース代わりに添えました。生のフレッシュ感と香ばしいソテーのコントラストで、緑なすの個性がぐっと引き立ちます。

季節
露地栽培は夏と秋が収穫期。初夏から夏のなすは水分を含んでみずみずしく、秋のなすは実が締まるぶん旨みが増す。

保存する
新聞紙に包み、冷暗所で保存。水分を多く含むため、長期間の保存には向かない。

選ぶ
実もヘタも色が濃く、ハリとツヤがあり、傷みがないもの。形がしっかりしていて持った時に重みがあるもの。右の写真は左から水なす、緑なす、千両なす。

下処理
さっと水洗いする。切り口から色が変わるので、使う直前に切り分ける。

水なすで"焼きなす"を作り、しばらくおくと、
なすから香りと旨みのある水分が出てきます。
このエキスをベースにマリネ液を作り、水なすに合わせて冷やすだけ。
シンプルだけど、さっぱりとして夏にぴったり。いくらでも食べられます。
最近はいろいろな種類のコショウがあるので、
好みの香りのコショウで作るのも楽しいです。

焼きなすのマリネ

材料［4人分］
水ナス　2本
オリーブ油　少量*
塩　適量
粒コショウ（黒、白）　ひとつまみ
はちみつ　少量
白ワインヴィネガー　少量
＊焼いた水なすから出た水分の1/4量が目安。

作り方
1　網を強火で熱し、水ナスをのせて向きを
変えながら全体を焼く。ナスの中まで柔らか
くなったら氷水に入れて粗熱をとる。皮をむ
いてボウルに移し、30分〜1時間おくとナス
から水分が出てくる。
2　水ナスから出た水分にオリーブ油を加
え、塩、軽くつぶした粒コショウ、はちみつ、
白ワインヴィネガーで味をととのえる。
3　*1*のナスを皿に盛り、*2*を全体に回しかけ
る。冷やして食べる。

なすを油で揚げてから柔らかく煮た、いわば煮びたし。
ラ・ブランシュでは夏の定番メニュー「ガスパチョ」に欠かせません。
店で作る時にはなすを鶏のブイヨンで煮ますが、
ここはあえて水と塩だけで煮て、
なすの旨さをストレートに表現します。
食べる時には大きめに切り分けて、たっぷり味わいましょう。

なすのブレゼ

材料 ［5人分］
ナス　5本
○ブーケ・ガルニ
　タイム　1〜2本
　エストラゴン（生）　4〜5本
　エストラゴン（酢漬け）　2〜3本
　コリアンダーシード　大さじ1
　白粒コショウ　小さじ½
塩、グラニュー糖　各適量
揚げ油　適量

作り方
1　なすの皮にところどころ串で穴をあけ、まるごと油で揚げる。中まで火が通ったら氷水に入れ、皮をむく。皮も取りおく。
2　ブーケ・ガルニを用意する。材料をペーパータオルで包み、糸で縛る。
3　鍋にひたひたの水（分量外）と塩、グラニュー糖を入れて火にかけ、*1*と取りおいたナスの皮、*2*を入れる。弱火にし、紙ぶたをしてナスが柔らかくなるまで20分ほど煮る。途中で裏返す。
→ナスの皮を入れることで、煮汁にもなすの色が移る。
4　なすを煮汁とブーケ・ガルニごとボウルに移し、氷水にあてて冷ます。冷蔵庫で充分に冷やす。

memo
夏に毎年作る「夏野菜のガスパチョ」。ガスパチョは本来トマトがメインの冷たいスープのことだが、文字通り夏野菜をたっぷり使って、食べるスープに仕立てるのがラ・ブランシュ風。なすのブレゼは、この皿の主役のひとつ。ほんのり香るエストラゴンがなすの存在感を引き立てます。

緑なすの香りとヤギのチーズは相性抜群。
温めてとろっとなったところを味わいます。
ミントを入れて爽涼感をプラス。

緑なすとシェーヴルチーズ

材料［1人分］
緑ナス　1本
水　150cc
塩　ひとつまみ
ミント　適量
オリーブ油　小さじ1½
シェーヴルチーズ　適量

作り方
1　緑ナスの皮をむき、ふた口程度に切る。
2　鍋に水を入れて沸かし、1と塩、ミントを入れる。弱火にし、紙ぶたをしてナスが柔らかくなるまで15分ほど煮る。塩で味をととのえ、オリーブ油を加える。
3　器に盛り、シェーヴルチーズをのせて250℃のオーブンでチーズをとかす。

緑なすのソテー、なすのピュレ添え

材料［1〜2人分］
緑ナス　1本
○ナスのピュレ
　緑ナス　¼本
　エシャロット（みじん切り）　大さじ1
　オリーブ油　大さじ1
　シェリーヴィネガー　小さじ1〜2
　塩、黒コショウ　各適量
○ドレッシング
　シェリーヴィネガー　小さじ½
　赤ワインヴィネガー　小さじ½
　オリーブ油　大さじ1強
　塩、黒コショウ　各適量

作り方
1　緑ナスを縦半分に切り、塩、黒コショウをふる。オリーブ油（分量外）を熱し、ナスの切り口を下にして中火で焼く。香ばしく色づいたら裏返し、火が通るまでじっくり焼く。
2　ナスのピュレを作る。緑ナスの皮をむき、適当な大きさに切って塩もみする。水気をきり、包丁で細かくきざむ。ナスの皮も同じくらい細かくきざむ。
3　きざんだナスの果肉と皮、エシャロットを混ぜ合わせる。オリーブ油、シェリーヴィネガー、黒コショウで味をととのえる。
4　ドレッシングを作る。シェリーヴィネガーと赤ワインヴィネガーを混ぜ、オリーブ油を加えてよく混ぜる。塩、黒コショウで味をととのえる。
5　皿に焼いた緑なすとなすのピュレを盛り、ドレッシングを流す。

緑なすの持ち味は、青っぽさと果肉のしっとり感。
ソテーすることでとろりとなめらかになったなすと、
なすを細かくきざんで作るピュレのフレッシュ感とのコントラストを楽しみます。
じっくり色づけたなすの香ばしさが食欲をそそります。

厚めに切ったなすとズッキーニ、ベーコン、パンをココットに敷き詰め、
白ワインと粗塩をふってオーブンで焼くだけ。
野菜はもちろん、野菜から出た水分と
ベーコンの脂を吸ったパンがなんともおいしいのです。

なすとズッキーニの
ココット焼き

材料 ［1人分］
ナス　1本
ズッキーニ　1本
ベーコン　1切れ
パン（残ったバゲットなど）　適量
塩、黒コショウ　各適量
白ワイン　適量
粗塩　適量
タイム　7〜8本
ローズマリー　2〜3本
ハーブ（セルフイユ、エストラゴン、
　イタリアンパセリ）　各適量

作り方
1　ナス、ズッキーニ、ベーコンを厚さ8mmに切り、パンはそれより厚めに切る。それぞれ塩、黒コショウをふり、ココットに立てるように並べる。
→枚数も並べ方も好みでOK。野菜の水分やベーコンの脂を吸ってくれるので、パンは一番外側に。
2　上から白ワインを全体にふりかけ、粗塩をふる。タイムとローズマリーをのせ、ふたをして200℃のオーブンで20分ほど焼く。
3　最後にふたをあけ、手でちぎったハーブを散らす。オーブンにさっと入れ、ハーブの香りが立ったら取り出し、皿に盛りつける。

きゅうり

　僕がそろそろきゅうりの季節だな、店で使おうかな、と思うのは初夏のころ。1年中出回りますが、僕は夏いっぱいで終了です。僕の中できゅうりといえば、両手でパキッと割った時に立ちのぼる爽やかな香り、青くささ。このにおいをかぐと、子どものころ、川遊びの合間に井戸水で冷やしておいたきゅうりにかぶりついた記憶がよみがえってきます。きゅうりに味噌をつけて食べたり、シソとなすと塩もみにしたり……。「きゅうりはほとんど水分でびっくりするほど栄養がない」と言うけれど、そのマイナスイオンを感じるような爽やかさ、心地よい食感が大好きなんです。

　この本でも紹介していますが、僕の定番の食べ方は「板ずり」。きゅうりにバーッと塩をふってごろごろと転がしたら、手のひらで上からガン、ガンときゅうりをつぶす。板ずりというより「板つぶし」です。あえて塩を均一に浸透させないのが、僕のやり方。塩味がついたところとついていないところがあることで味にメリハリが出て、塩によって水分が抜けたところ、抜けずにみずみずしいところがあることで、食感にも変化が出る。つぶすことで香りも立ちますし、きゅうりの醍醐味である、パリッとした食感も存分に味わえます。

　もちろん、お客さんに出す場合もこの食べ方が基本です。板ずりきゅうりときゅうりソース（P.96）は、ふだんから魚料理の付け合わせやソースとして提供しているもの。コースでいろいろと食べたお客さんから、最後に「きゅうりがおいしかった」と言われることも。きゅうり好きにはたまらない食べ方なんだと思います。

季節
通年出回るが、初夏から夏にかけてのみずみずしいきゅうりを使う。産地はさまざま。

保存する
新聞紙に包み、氷を入れて網をのせた発泡スチロールの箱に入れて保存する。乾燥させないこと。

選ぶ
ツヤとハリがあり、実が締まっているもの。青っぽい香りが強いもの。いぼいぼがあるほうがいい。中の種が大きくなって太くなったものは避ける。

下処理
使う直前にさっと水洗いする。

なすもアボカドも皿にのせているけど、主役はきゅうりです。
塩こうじを使って板ずりしたきゅうりは深みのある味わい。
そして、爽やかなきゅうりとアボカドのコクとのバランスをとるのがなす。
これらを塩こうじのドレッシングでモリモリ食べます。
大きくちぎったバジルの香りも大事なポイントとひとつ。

きゅうりとアボカド、
焼きなすのサラダ

材料［2人分］
キュウリ　1本
ナス　1本
アボカド　1個
バジル　適量
○塩こうじのドレッシング
　塩こうじ*　小さじ1
　オリーブ油　大さじ1
　赤ワインヴィネガー　小さじ1
　はちみつ　少量
　シェリーヴィネガー　少量
　塩、黒コショウ　各適量

＊塩こうじは長く熟成させた旨みがまろやかなものを使う。

作り方

1　キュウリをまな板にのせ、塩こうじをまぶして上から手のひらでつぶすようにして全体にからめる。30分ほどマリネし、食べやすい大きさに切り分ける。

2　ナスをP.83「焼きなすのマリネ」1と同様に焼いて皮をむき、しばらくおいて水分を出す。

3　アボカドは、果肉をスプーンで食べやすい大きさにくり抜く。

4　塩こうじのドレッシングを作る。塩こうじをオリーブ油でのばし、赤ワインヴィネガー、はちみつ、シェリーヴィネガーを加えて混ぜる。塩、黒コショウで味をととのえる。

5　皿の中央に縦に切り分けたナスを盛り、その周りにキュウリとアボカドを盛る。塩こうじのドレッシングをところどころにかけ、バジルを手で大きめにちぎって散らす。

シャインマスカットってどこかきゅうりに似ている。
そう思ってきゅうりのかき氷にマスカットを組み合わせたら、
爽やかさと華やかな香りがバッチリ決まりました。
レストランのアミューズや口直し、デザートにも使えそう。

きゅうりと
シャインマスカットのかき氷

材料［4人分］
○キュウリのシャーベット
　キュウリ　1本
　塩　ひとつまみ
　グラニュー糖　小さじ1
キュウリ　1本
塩、グラニュー糖　各適量
レモン汁　1/4個分
シャインマスカット（皮つき）　適量

作り方
1　キュウリのシャーベットを作る。キュウリをミキサーにかけて細かく粉砕し、塩とグラニュー糖で味をととのえる。冷凍庫に入れ、凍ったらスプーンなどで粗く砕く。
2　キュウリを冷凍庫で凍らせておく。凍ったままスライサーで薄切りにし、塩、グラニュー糖、レモン汁で味をととのえる。
3　*1*のシャーベットと*2*のキュウリをざっと混ぜる。よく冷やしたグラスに、シャインマスカットとともに盛りつける。

板ずりきゅうりときゅうりソース

材料［4人分］
キュウリ　2本（ソース分含む）
塩、黒コショウ　各適量
オリーブ油　適量
ゴマ油　ごく少量
エストラゴンの葉　数枚
○キュウリソース
　水　150cc
　オリーブ油　小さじ1½
　バター　小さじ½
　エシャロット（みじん切り）　小さじ1
　ニンニク（みじん切り）　少量
　サフラン　4本
　カレー粉　ごく少量
　塩　ひとつまみ

作り方
1　キュウリに塩をたっぷりふり、手のひらで上からつぶすように板ずりする。
2　キュウリソースを作る。1のキュウリのうち1本を、ミキサーにかけて粗いピュレにする。小鍋にキュウリ以外の材料を入れ、弱火で5分ほど煮たらキュウリを加えて混ぜる。
→ピュレはところどころ食感を残すのがポイント。
3　残りの1のキュウリをボウルに入れ、黒コショウ、オリーブ油、ゴマ油を加えてからめる。エストラゴンの葉を加え、ざっと合わせる。
4　皿に2のソースを流し、3のキュウリをのせる。

板ずりというよりは板つぶし。
きゅうりに塩をふってガツンとつぶします。
塩がついたところ、ついていないところがまだらなのがいい。
短期決戦の味、子どもの頃の夏を思い出す一品です。
清涼感の中に厚みを持たせてくれるのが、エストラゴン。たっぷり使いましょう。

とうもろこし

　ゆでたてのとうもろこしの香りは、なんとも幸せな気分になります。子どものころ、太陽をたくさん浴びたとうもろこしをゆでて食べた記憶。甘みを感じさせる芳醇な香り。たけのこをゆでている時に「とうもろこしの香りがする」と感じる時があって、甘みと香りのバランスが似ているんですよね。どちらも大好きな素材です。

　その甘さはとうもろこしの魅力ですが、甘いだけじゃないぞ。そう言いたい自分もいます。そんな思いを込めたのが、とうもろこしの網焼き（P.100）です。とうもろこしを芯ごと輪切りにして、塩、コショウ、グラニュー糖をふって焼くだけ。多少焦げても気にしません。その香ばしさがあることで、味にメリハリがつき、とうもろこしの甘みがさらに引き立ちます。

　これは輪切りにするのも大きなポイント。とうもろこしの芯には、実に負けないくらい香りと甘みがあり、そこを焼くことでぐーっと風味が立ってきます。だまされたと思って試してみてください。縁日の焼きとうもろこしより、インパクトがありますよ。また、僕は実をはずしたあとの芯を焼いて「とうもろこしのだし」もとります。このだしでとうもろこしの粒を煮ると、濃厚な香りのピュレに（P.106）。これも、素材をまるごと使い尽くすひとつの方法です。

　間引きのとうもろこし、いわゆるヤングコーンを使うようになったのはここ10年くらいです。水っぽい印象があったけど、縦に半分に切って網で焼いてみたら旨かった。完熟していないとうもろこしのみずみずしさ、でしゃばらない甘みがヤングコーンの持ち味。皮やひげ根をつけたまま使うと香りが補われ、爽やかな余韻が残ります。

季節

僕が使うのは6月から8月。神奈川の三浦や長野、北海道と収穫期を追いかけながら使う。間引きしたヤングコーンは3月終わりから5月ごろ。

保存する

とうもろこしはとにかく鮮度が大事。もぎたてが一番香りも甘みも強いので、なるべく使うぶんだけ仕入れ、冷蔵庫で保存する。

選ぶ

持った時に重みのあるもの。粒がしっかりしていて、香りがあるもの。個人的にはスマートなものよりずんぐりのほうがおいしい気がする。ヤングコーンは実が詰まっているものを選ぶ。

下処理

香りが逃げないよう、使う直前まで皮やひげ根をつけたままにする。

とうもろこしは甘さばかりがクローズアップされるけど、それだけじゃない。
芯にだってすごく香りや甘みがある。
それを表現したくて、この網焼きにたどり着きました。
お祭りの焼きとうもろこしを思い出すような、
焦がしたとうもろこしの香り。きっと嫌いな人はいないでしょう。
輪切りにして焼くことで、芯の香りと旨みも味わえます。
シンプルだけど、大好きな食べ方です。

とうもろこしの網焼き

材料［2人分］
トウモロコシ　1本
塩、グラニュー糖、黒コショウ　各適量

作り方
1　トウモロコシの皮をむき、厚さ1cmの輪
切りにする。切り口に塩、グラニュー糖、黒
コショウをふる。
→グラニュー糖をふることで、焼き色がきれいにつく。
2　網を中火で熱し、トウモロコシの断面か
ら焼く。両面にこんがり焼き色がついたらト
ングなどでトウモロコシを立て、実を網につ
けてさっとあぶる。
→断面を焼くことで、芯にも火が入って香りが出てくる。

4月から5月、少しの間だけ出回る間引きしたヤングコーン。
完熟していない間引きとうもろこしのみずみずしさ、
爽やかな甘みは、皮をむいてゆでただけではちょっと貧弱な気がする。
ためしに半分に切ってあぶったらこれが旨い。
ひげや皮もつけたままで、そこにある香りを引き出します。

間引きとうもろこしのグリル

材料［2人分］
間引きトウモロコシ　4本
塩、黒コショウ　各適量
グラニュー糖　少量

作り方
1　間引きトウモロコシは皮をつけたまま、縦半分に切る。実のほうの断面に塩、グラニュー糖、黒コショウをふる。
2　網を中火にかける。1を皮のほうからじっくり焼き、香ばしく色づいたら裏返して同様に焼く。240℃のオーブンに移し、1〜2分焼く。
→ 網焼きだけで仕上げてもいい。皮の香りも引き出すようにじっくり焼く。

とうもろこしにヴァニラビーンズの香りを組み合わせたら？
そんなふうに思って一緒に生地に包んで焼いてみました。
ハイライトは生地を割って開ける時。
ヴァニラととうもろこしの香りが一体になって贅沢に立ち昇ります。

とうもろこしの包み焼き、ヴァニラの香り

材料［1〜2人分］
トウモロコシ　1本
ヴァニラビーンズ*　1本
塩、黒コショウ　各適量
○包み生地
　強力粉　80g
　薄力粉　80g
　ラード　30g
　水　50cc
　塩　ひとつまみ

*菓子を作った時のヴァニラビーンズを再利用してもよい。

作り方
1　包み生地を作る。強力粉と薄力粉をふるい、ラードと塩を加えて混ぜ合わせる。水を少しずつ加えて練り、耳たぶくらいの固さにまとめる。1時間弱休ませる。
2　生地を厚さ4〜5mmにのばし、のばした面に塩、黒コショウをふる。皮をむいたトウモロコシを丸ごとのせ、その上に縦半分に切ったヴァニラビーンズをのせて包む。
3　200℃のオーブンで15分ほど焼く。皿に盛り、生地をはがして食べる。
→もちろん生地も食べられます。

材料はとうもろこし、塩、コショウ、グラニュー糖、水のみ。
とうもろこしの芯を香ばしく焼き、水で煮出して
"とうもろこしのだし"をとり、そのだしでとうもろこしの実を煮て、
香りたっぷりのピュレを作ります。シンプルだけど味わい深い、
日本料理のすり流しのようなイメージ。とうもろこしのひげ根はお茶にするくらい、
香りがあります。さっと素揚げして添えました。

とうもろこしのピュレ

材料［4人分］
トウモロコシ　2本
塩、黒コショウ、グラニュー糖　各適量
サラダ油　適量
○飾り用
　ジャガイモのチップ　4枚
　トウモロコシの実　½本分
　トウモロコシのひげ根　適量

作り方
1　トウモロコシの実を包丁でこそげ落とす。鍋に入れ、ひたひたの水と粗塩（それぞれ分量外）も入れて火にかけ、沸いたら1分ほどゆでる。ザルにあけて水気をきる。

2　1で実をこそげ落としたあとの芯を4等分し、全体に塩、黒コショウ、グラニュー糖をふる。フライパンにサラダ油を熱し、向きを変えながら芯を強火で焼く。
→芯にも香りがあるので、それを引き出すように焼き上げる。切り口もしっかり焼くこと。

3　芯全体に焼き色がついたら水を100cc（分量外）ほど加え、2〜3分煮出して香りを移す。

4　1のトウモロコシと3の煮汁を合わせ、10分ほど煮る。
→トウモロコシは下ゆでせず、3の煮汁で直接煮てもよい。

5　塩で味をととのえる。煮汁ごとミキサーにかけ、なめらかなピュレにする。
→粒がなくなるまで完全になめらかにする。

6　好みの容器に5のピュレを入れ、ジャガイモのチップ、そぎ落としたトウモロコシの実をのせ、トウモロコシのひげ根を添える。

memo
ジャガイモのチップの作り方
2種類のジャガイモ（キタアカリ、紫ジャガイモ）を皮つきのまま厚さ1mmにスライスし、軽く塩をふる。1分ごとに裏返しながら5分ほど電子レンジにかけ、乾燥させる。

とうもろこしのクレーム・ブリュレ

材料［6人分］
トウモロコシ　1本
牛乳　250cc
生クリーム　250cc
卵黄　2個分
全卵　1個
グラニュー糖　60g
塩、グラニュー糖　各適量
カソナード　適量

作り方
1　トウモロコシの実を包丁でこそげ落とす。塩とグラニュー糖を軽くふり、フライパンで軽く色づくまで炒める。
2　1で実を落としたあとの芯を4等分にし、P.107「とうもろこしのピュレ」2と同様に香ばしく焼く。牛乳と生クリームを加え、沸騰しないように弱火で7〜8分煮出す。
3　1を2に加え、しばらく煮る。
→フライパンについた焦げにも旨みと香りがあるので、少量の水（分量外）を加えて焦げを煮溶かし、鍋に入れる。
4　ボウルに卵黄と全卵、グラニュー糖を入れて泡立器で白っぽくなるまですり混ぜる。3の煮汁を漉して加え、混ぜ合わせる。残ったトウモロコシの実も水気をきって加えて混ぜ、耐熱容器に流す。
5　120℃のオーブンで30分ほど焼く。粗熱がとれたら冷蔵庫で冷やしておく。食べる際に表面にカソナードをふり、バーナーであぶるかトースターなどで焼き色をつける。

クレーム・ブリュレをとうもろこしで作ってみたい。
香ばしいキャラメルのどこか懐かしい甘じょっぱい感じとか、
ブリュレにはとうもろこしが旨くなる要素ばかりだから。
要は、自分が食べてみたかったのです。

とうもろこしのコンフィ

材料［1〜2人分］
トウモロコシ（皮つき）　1本
鴨の脂またはラード　適量
サラダ油　適量
塩、黒粒コショウ　各適量
＊鴨の脂とサラダ油の割合は6:4。

作り方
1　トウモロコシは皮をめくって実に塩をふる。めくった皮を元にもどし、形を整えて糸で縛る。
2　鍋にトウモロコシが半分以上つかるくらいの鴨の脂とサラダ油を入れ、溶かす。1を入れ、紙の落しぶたをしてごく弱火で30分ほど煮る。脂につけたまま冷ます。
→煮る時の脂の温度は約60℃。
3　食べる際には、トウモロコシを脂から引き上げ、皮つきのままフライパンに入れて転がしながらこんがり焼く。皮の内側に入り込んだ脂が外に出て、いい香りが立ってきたら、皮をはがして皿に盛る。黒コショウを挽く。

とうもろこしをまるごと1本、鴨の脂でコンフィにし、
フライパンで皮をこんがり焼いて香ばしく仕上げました。
とうもろこしといえば鴨の飼料。鴨といえばコンフィ。
とうもろこしの甘みや焼いた時の香ばしさは、鴨と相性抜群なのです。

大根

　大根の食べ方といえば、大根おろし、味噌汁、漬けもの、煮ものなど。加熱するとどうしても味わいがフラットになることもあり、大根は生に塩をふってマリネし、水分を抜きつつカリカリの食感を楽しむような使い方が中心。青首大根以外に皮や中が赤いもの、サラダ用の緑の大根など色がきれいな種類も多く、ナチュラルな甘さや心地よい食感が楽しめるマリネは、大根にぴったりの調理法です。

　そんななか、火を入れた時に個性が出てきたのが緑大根でした。じっくりローストすると、まるでじゃがいもをほっくりゆであげた時のような、大地を感じる香りが出てくる。中まで完全に火を入れてもぐずぐずと崩れないのも魅力で、動物性のラードで焼き上げると、コクが加わってまるで肉じゃが……は言い過ぎだけど、コクのあるしっかりした食べごたえが出てきます。その緑大根をメインディッシュに見立てて、ソース代わりに添えたのが白い大根のマリネ（P.112）。マリネのフレッシュ感と力強い緑大根とのコントラストにより、それぞれの個性がしっかり味わえます。

　大根は、葉に近いほうと先のほうで風味が変わります。緑大根のマリネ（P.114）では、1本の大根を、葉に近い緑のところは薄切り、根元の白いほうは角切りと切り方を変えてマリネし、一緒に盛りつけました。こうするとシャキシャキ、カリカリという食感の違いはもちろん、甘みやえぐみなど場所によって味わいが異なるのもよくわかります。これも、野菜をまるごと味わう食べ方のひとつです。

季節
通年出回るが、青首大根、緑大根、紅大根とも11月から3月ごろが最盛期。産地にはこだわらず、旬のものを選ぶ。

保存する
新聞紙に包み、冷暗所で保存する。

選ぶ
ツヤとハリがあるもの。持った時に重みのあるもの。まっすぐにのびたもの、表面にあるポツポツがまっすぐに並んでいるものが辛みがなく柔らかい。

下処理
使う時にさっと水洗いする。僕の場合、大根の香りを生かしたい時は皮つきで、食感を大事にしたい場合は皮をむいて使う。

緑大根には甘みの中に独特の土の感じ、じゃがいもをほっくりゆであげた
時のような大地の香りがあって、それは火を入れた時に顔を出します。
動物性の脂で焼き上げることでその力強さを引き出し、
そこにフレッシュ感たっぷりの白い大根のマリネを合わせて、
それぞれの個性を強調させました。
ときには大根をナイフとフォークで食べるのもいいものです。
ソース代わりの大根のマリネは、鴨のコンフィなど肉料理にも合います。

緑大根のロースト、
大根のマリネソース

材料［2人分］
緑大根　1本
塩、黒コショウ　各適量
グラニュー糖　少量
ラード（またはオリーブ油）　適量
○大根のマリネソース（作りやすい量）
　大根　300g
　塩　適量
　ローズマリー　1本
　オリーブ油　大さじ2〜3
　赤粒コショウ　ひとつまみ
　白ワインヴィネガー　少量

作り方
1　大根のマリネソースを作る。大根の皮を
むき、1cm角に切る。塩を多めにふり、1時
間ほどおいてなじませる。ザルにあけて余計
な水をきる。ローズマリーの半分は葉を細か
くきざみ、残りはざく切りにする。
2　ボウルに*1*の大根とローズマリー、オリー
ブ油を入れて混ぜ合わせる。赤粒コショウと
白ワインヴィネガーを加え、味をみて、足り
なければ黒コショウ（分量外）で引き締める。
→このまま2〜3日保存可。次第に大根がしんなりして、そ
れもまたおいしい。
3　緑大根を縦半分に切り、両面に塩、黒コ
ショウをしっかりふる。グラニュー糖も軽く
ふる。
4　フライパンにラードを入れて熱し、*3*の
切り口を下にして入れる。弱火にして、こん
がり焼き色がつくまで両面をじっくり焼く。
5　皿に大根のマリネソースを盛り、緑大根
をのせる。

緑大根の上の緑のほうは甘くて香りが強く、白いほうはエネルギーを感じさせるえぐみがある。同じように加熱すると、その違いがよくわかります。
薄切りはシャキシャキ、角切りにしたほうはカリカリという食感の違いも楽しい。

緑大根のマリネ

材料［作りやすい量］
緑大根（小ぶりのもの）　1本
水　適量
オリーブ油　少量
塩　適量
＊水とオリーブ油の割合は3:1。

作り方
1　緑大根は皮をむかずに使う。葉に近い緑のほうを厚さ2mmの輪切りにする。先の白いほうは厚さ1.5cmに切ってから食べやすい大きさに切り分ける。
2　1の大根を別鍋で加熱する。鍋に水、オリーブ油、塩と大根を入れ、強火にかける。オリーブ油を大根にからめながら緑のほうは2〜3分、白いほうは7〜8分加熱する。それぞれ水分がなくなったらボウルに取り出し、氷水にあてて混ぜながら粗熱をとる。
3　皿に盛る。

紅大根のマリネ

材料 [作りやすい量]
紅大根　1本
○マリネ液
　白ワインヴィネガー　300cc
　塩　6g
　グラニュー糖　100〜120g
オリーブ油　適量
黒コショウ　適量
クルミ（ロースト）　好みの量

作り方
1　紅大根を縦に厚さ2mmにスライスする。
2　鍋にマリネ液の材料を入れて火にかけ、沸騰したら火を止めて*1*を入れる。そのまま自然に冷ます。
3　大根の水気をきり、くるりと巻いて皿に盛る。マリネ液をオリーブ油でのばしてツヤを出し、黒コショウをふる。これを大根に回しかけ、クルミを手で砕いて散らす。

紅大根の心地よい甘さには、シンプルなマリネが一番。
酢漬けにすることで、さらに赤の鮮やかさが増します。
ポイントはしっかり酸味を効かせること。クルミのコクがよく合います。

干した大根は子どもの時に食べていた、
懐かしい味。その凝縮した旨さに
シロップを合わせてみました。
僕は太めにして大根らしさを強調しますが、
大きさや太さはお好みでどうぞ。

干し大根の
プティフール

材料［3〜4人分］
大根　½本
グラニュー糖　300g
水　300cc
塩　ひとつまみ
グラニュー糖　適量

作り方
1　大根の皮を厚めにむき、厚さ1.5cmほどの輪切りにしてから拍子木切りにする。
2　鍋にグラニュー糖、水、塩を入れて火にかけ、煮立ったら1の大根を入れる。弱火で10分ほど煮る。
3　大根の食感がまだ残っているところで火を止める。シロップにつけたまま自然に冷まし、甘みをしみこませる。
4　大根を網などに取り出し、表面が乾くまで半日〜1日おく。
→中まで乾かすと切干し大根のようなひなたくささが出てくる。それもまた味が凝縮しておいしい。
5　大根の全面に、グラニュー糖をまぶす。
→大根の水分でグラニュー糖が溶けてしまうので、まぶすのは食べる直前に。

大根と金柑のグラッセ

材料［作りやすい量］
大根　1本
はちみつ　150g
塩　15〜20g
キンカン　10個
ショウガ（厚めのスライス）　4〜5枚

作り方
1　大根は皮つきのまま厚さ1.5cmほどの輪切りにしてから、太めの拍子木切りにする。
2　ボウルに*1*の大根とはちみつを入れ、ボウルをあおるようにして大根にからめる。塩を加え、同様に大根にからめる。
3　キンカンに十字に切り込みを入れ、ショウガのスライスとともに*2*に入れて混ぜる。ラップ紙をかぶせ、冷蔵庫で丸1日マリネする。1週間ほど保存可能。

大根のナチュラルな味と爽やかな金柑の香りがなじんだところに、ショウガの刺激がピリリ。少し緊張感のある味わいがあとを引きます。

にんじん

　にんじんの根菜らしい自然な香りと甘みは、手を加えず、ストレートに生かすのが一番。にんじんのグラッセ（P.120）も、まるごとロースト（P.126）やエクラゼ（P.130）も、作り方はとてもシンプル。時に塩もみしたあとの絞り汁まで取り入れて、にんじんをまるごと味わう方法を紹介しました。

　最近は、道の駅や産直マルシェなどでもいろいろな色や種類のにんじんが並び、それらを使ってみるのも楽しい。3色にんじんのリボン（P.122）の黄色いにんじんは、オレンジのにんじんより甘みも味も淡く、朝鮮人参のような薬草を思わせる香りが特徴。煮込むより、生で食べるかグラッセなどで香りを生かすのがおすすめです。一方黒にんじんは、色が濃いぶん風味も濃厚。海苔みたい、というのは僕の印象だけど、やや鉄っぽさ、土っぽさがあり、少し火を入れてあげるほうが個性が生きてきます。

　僕自身は、甘みが前面に出たにんじんより、甘さは控えめだけど食べたあとにずっと余韻が残る黒田五寸のようなにんじんが好き。でも、水分が抜けやすく流通に向かないからと、生産量が減っています。スーパーに並ぶ冷蔵庫に入れてもしなびない、機械で洗っても割れないにんじんに比べたら扱いづらいかもしれないけど、土から引き抜いたらしなびるのが根菜というもの。水に5分もさらせばみずみずしさは復活します。そういう自然なにんじんのよさがもっと広がったらいいな、と思っています。

季節

通年出回る。春先のにんじんは水分が多くてみずみずしく、秋から冬にかけて味が凝縮していく。冬には雪をかきわけて収穫する甘みの強いにんじんも。

保存する

新聞紙に包み、冷暗所で保存する。土つき、葉つきの場合はそのまま新聞紙に包んで保存する。

選ぶ

ツヤがあり、まっすぐで、持った時に重みのあるもの。切り口全体がオレンジ色で、芯が大きくないもの。にんじん本来の香りとコク、適度な甘さの黒田五寸が好みだが、収穫量が少ない。右の写真は左から黒にんじん、黄にんじん、黒田五寸、玉にんじん。

下処理

使う前に水洗いする。葉つきのにんじんは、使う前にまるごと5分ほど水にさらすと水分をふくんでパリッとなる。

グラッセはフランス語で「ツヤを出す」という意味。
一般的にはバターと砂糖でツヤツヤに仕上げるところ、
少量の水とオリーブ油で自然なツヤを出すのが僕のやり方。
水気がなくなったらにんじんに火が入った証拠。
鍋に残ったオリーブ油をからめていくと、次第にツヤが出ます。

にんじんのグラッセ

材料［2〜3人分］
ニンジン　1本
水　50cc
オリーブ油　小さじ1
粗塩　適量
ディル　少量

作り方
1　ニンジンの皮をむき、縦に10〜12等分に切り分ける。
→縦に切るほうが煮崩れしづらい。
2　鍋に水、オリーブ油、粗塩を入れて火にかける。沸いたらニンジンを入れて弱火にし、あまり動かさずに8〜10分加熱する。水気がなくなり、ニンジンに火が入ったら、鍋に残った油を時々からめながらツヤを出す。
→粗塩を使うのは、ニンジンにゆっくり味をなじませるため。
3　火を止め、氷水にあてて混ぜながら粗熱をとる。きざんだディルを加える。

にんじんを縦にスライスして、リボンのようにひらひらに。
色の違いだけでなく、それぞれの味わいや食感の違いを楽しみます。
特有の土っぽい香りの黒にんじんにだけ、
隠し味にほんの少しゴマ油をプラス。
シンプルだけど、目にも食べても楽しい一品です。

3色にんじんのリボン

材料［6人分］
ニンジン　1本
黄ニンジン　1本
黒ニンジン　1本
水　大さじ6
オリーブ油　小さじ4½
ゴマ油　ごく少量
塩　適量

作り方
1　ニンジン、黄ニンジン、黒ニンジンをそれぞれ縦に厚さ2mmにスライスする。
2　色が移るので、ニンジンは別々に加熱する。鍋にニンジン、水大さじ2、オリーブ油小さじ1½、塩ひとつまみを入れて中火にかけ、水分がなくなるまで3分ほど、色づけないように炒める。鍋ごと氷水にあてて混ぜながら粗熱をとる。黒ニンジンだけ最後にゴマ油をほんの少したらす。
→オレンジと黄色のニンジンは一緒に加熱してもよい。
3　3種類のニンジンを、色のバランスを見ながら皿に盛る。

キャロットラペ

材料 [2〜3人分]
ニンジン　1本
オリーブ油　大さじ2
シェリーヴィネガー　大さじ1
レモン汁　1/8個分
塩、黒コショウ　各適量

作り方
1　ニンジンの皮をむき、縦に厚さ3mmにスライスしてからせん切りにする。塩もみし、20分ほどおく。
→スライサーでせん切りにしてもよい。

2　水気をよく絞り、黒コショウをふる。オリーブ油を入れてざっと混ぜ、シェリーヴィネガーとレモン汁で味をととのえる。好みでグラニュー糖を加える。

memo
塩もみしたあとのニンジンの絞り汁について。「それはアクだから捨てる」と教わり、ずっとその通りにしてきたけれど、ある時、「これも個性なんじゃないか」と感じ始めた。なめてみるとすごいニンジンの香りがする。僕は時々、この絞り汁でドレッシングを作っています(P.131「にんじんのエクラゼ」)。

フランスで定番のサラダといえばこれ。
にんじんの甘みを酸味と塩だけで食べる、そのシンプルさが魅力です。
すぐに食べても、なじんでから食べてもおいしい。

にんじんのコンフィ

材料［2〜3人分］
丸ニンジン　8個
ニンニク　1粒
ハーブ（セルフイユ、イタリアンパセリ、
　タイムなど）　適量
塩　適量
ラード　適量

作り方
1　皮つきの丸ニンジンに塩をたっぷりふり、もみ込む。1時間ほどおく。
2　鍋にニンジンがつかるくらいのラード、ニンニク、ハーブを入れて弱火にかける。ニンジンの水気をよくふきとってから入れ、80〜90℃で40〜50分煮る。

memo
油につけたまま室温で保存可能。油をきってそのまま食べても、フライパンでこんがりソテーしてもおいしい。

味がおだやかな丸にんじんには、香りをのせるとおいしくなる。
枝ごとのハーブと一緒に低温の油でコンフィにしました。
そのまま食べてもよし、フライパンでこんがりソテーするとさらにおいしい。
コンフィの時に鶏肉を入れると、メインと付け合わせが一度に作れます。

にんじんの皮もむかず、オーブンに放り込むとどうなるか。
水分がとんで、味が凝縮するので甘みがぐっと出てくるうえ、
色も鮮やかさが増します。
そんな甘いにんじんを引き立てるのが、クルミとフルーツのソース。
クルミの香ばしさ、ドライフルーツのナチュラルな
甘みや酸味がにんじんによく合います。

にんじんのまるごとロースト

材料［2人分］
ニンジン　2本
○クルミとフルーツのソース
　クルミ（ロースト）　5〜6粒
　アンズ（セミドライ）　3個
　レーズン　5〜6粒
　フヌイユシード　少量
　赤ワインヴィネガー　大さじ3
　オリーブ油　大さじ6
　はちみつ　大さじ1弱
　塩、黒コショウ　各適量

作り方
1　ニンジンを皮つきのまま、200℃のオーブンに入れる。表面が焦げてきたら160℃にして40〜50分焼く。
→皮は焦げても構わない。
2　クルミとフルーツのソースを作る。クルミを手でほぐし、アンズとレーズンは細かくきざむ。ソースの材料をすべてボウルに入れて混ぜ合わせる。
3　皿にソースを流し、*1*のニンジンをのせる。

にんじんのポタージュ

材料［6人分］
ニンジン　1本
セロリ　20g
タマネギ　30g
バター　30g
タイム（ざく切り）　1本
粗塩　ひとつまみ
牛乳　500cc
塩、カイエンヌペッパー　各適量

作り方
1　ニンジン、セロリ、タマネギを薄切りにする。
2　鍋にバターを溶かし、セロリとタマネギを炒める。しんなりしたらニンジン、タイム、粗塩を加え、じっくり炒めてニンジンの香りを引き出す。
→野菜を色づけないように。バターとニンジンから出た水分をなじませるように炒めていく。
3　水分がなくなり、ニンジンの表面が乾いた感じになったら牛乳を加え、20分ほど煮出す。塩とカイエンヌペッパーで味をととのえ、ミキサーにかけてなめらかにする。ハンドブレンダーで泡立てて皿に流し、ニンジンのピュレを添える。
→濃度が高ければ牛乳でのばす。

memo
ニンジンピュレの作り方
ニンジン1本を丸ごと180℃のオーブンで焼くか電子レンジに8分ほどかける。ミキサーでピュレにし、塩、少量の砂糖で味をととのえる。ミキサーにかける時に水分が足りなければ、塩水を加える。

水分がなくなるまでにんじんをバターで炒めてから
牛乳で煮出すことで、にんじんの味をしっかり引き出します。
泡立てて空気を含ませるとエレガントな余韻のポタージュに。

にんじんとパンのグラタン

材料［2〜3人］
ニンジン　1本
パン（残ったバゲットなど）　適量
塩、黒コショウ　各適量
グラニュー糖　小さじ1
タイムの葉　3本分
牛乳　100cc
パルメザンチーズ　適量
オリーブ油　適量

作り方
1　パンを適当な大きさにちぎり、牛乳に10分ほどひたしておく。
2　ニンジンは皮つきのまま蒸して、1.5cm角に切る。塩、黒コショウ、グラニュー糖をふり、よくからめる。
3　フライパンにオリーブ油を熱して*2*を入れ、焼き色がつくように炒めていく。こんがり色づいたらタイムの葉を加える。
4　耐熱皿に*3*を入れ、*1*のパンの水気を絞ってニンジンの間にのせる。パルメザンチーズをたっぷりふり、牛乳（分量外）をひたひたに注ぐ。さらにパルメザンチーズをふり、200℃のオーブンで15分ほど焼く。

寒い時期においしくなるにんじんを、寒い時期にぴったりのグラタンに。
にんじんをしっかりキャラメリゼすることで味に強弱がつき、
グラタンの味が深まります。時にはハムを加えても。
にんじんが苦手な人も食べられますよ。チーズは贅沢に！

蒸したにんじんを包丁でつぶし、にんじんのドレッシングで食べるという
にんじんづくしの一皿。エクラゼはフランス語で「つぶす」「砕く」。
きざんだだけのところがあったり、なめらかなところがあったりのラフな感じがいい。
ドレッシングのオレンジ色の正体は、塩もみしたにんじんの絞り汁。
捨てろと教わったけど、僕は香りがすごくあって
にんじんの個性が出ていると思うから、ソースに。ちょっと甘めにするとおいしいです。

にんじんのエクラゼ、にんじんのドレッシング

材料［2人分］
ニンジン　1本
ピーナッツドレッシング（P.138）　適量
塩、黒コショウ　各適量
○ニンジンのドレッシング（作りやすい量）
　ニンジンの絞り汁＊　大さじ2
　オリーブ油　大さじ3弱
　白ワインヴィネガー　大さじ1
　塩、黒コショウ　各適量
　グラニュー糖（好みで）　適量
マジョラムの葉　少量
＊ニンジンの絞り汁は塩もみしたニンジンの水気を絞った時に出てくる水分のこと。たとえば、キャロットラペ（P.124）を作った時の絞り汁を使う。

作り方
1　ニンジンを皮つきのまま丸ごと蒸す。輪切りにしてから粗くきざみ、時々包丁の腹でつぶしてなめらかにする。
→完全につぶさず、ところどころ食感を残すのがポイント。
2　塩、多めの黒コショウ、ピーナッツドレッシングで味をととのえる。
→ピーナッツドレッシングがなければクルミなどナッツのオイルを加える。
3　皿にセルクル（丸型）をのせ、*2*を詰める。マジョラムの葉をちぎり、塩、オリーブ油、白ワインヴィネガー（各分量外）にくぐらせてニンジンに散らす。黒コショウをふる。
4　ニンジンのドレッシングを作る。ニンジンの絞り汁を漉し、オリーブ油を加える。塩、黒コショウ、グラニュー糖、白ワインヴィネガーで味をととのえ、好みの量を*3*にかける。

memo
マジョラムの甘い香りが加わることで、雰囲気が一変します。ニンジンの土の感じや力強さを、マジョラムがふわっと包んでくれます。

青菜

　いろいろなことを農家の方に教わってきましたが、一番教えられたのは青菜かもしれません。たとえば「ほうれん草の一番の個性は軸にある」。それまで切り落としていた根元の赤いところを食べてみたら、本当にほうれん草そのものの味がして「ほうれん草の半分も理解していなかったんだ」と思い知らされました。僕が小松菜を生で食べるようになったのも、そう教わったからです。ほうれん草の土は粘土質で、冬は霜が降りて固くなるからお昼近くにならないと収穫できない。それを知ったら、心して食べよう、お客さんにどうしたら根っこまで食べてもらえるだろうか、とこちらも必死に考える。そうやって、青菜はできるだけ茎や根をつけたまま調理し、そのまま皿にのせるスタイルができ上がってきました。手をつけない方も多くて、「ぜひ食べてみてください。とても甘いですから」と声をかけたものです。

　ほかの野菜もそうだけど、青菜はとりわけ最小限の調理でシンプルに食べるのが好き。ほうれん草も菜の花も食感が残るくらいがおいしいから、ゆで過ぎは厳禁です。多めに塩をした湯に、まず根元のほうを入れて10秒、全体をお湯にひたして10秒もすれば充分。すぐに氷水で引き締め、フレッシュ感をもどします。アクの強い野菜ほど、このプロセスが大事。塩を効かせた湯でゆでることで水分とアクを抜き、そのあと氷水にさらすことで野菜に水分をもどす。そうすると、本来の香りや味がくっきり出てきます。季節を感じさせてくれる、大好きな野菜です。

季節

通年出回るが、小松菜やほうれん草は11月から翌3月ごろ。葉もの野菜は収穫するのが大変な時期がおいしい。菜の花は2月から4月がメイン。

保存する

新聞紙に包み、氷を入れて網をのせた発泡スチロールの箱に入れて保存する。鮮度が大事なので、使うぶんだけ取り寄せるのが基本。

選ぶ

青菜全般、色が濃くツヤがあり、根や茎がしっかりしてるもの。ほうれん草は根元の近くから葉が出ていて、軸が太いもの。根が赤みがかっているものは甘みをたくわえている。菜の花は花が咲く前がおいしい。写真は左から小松菜、紅菜苔、ケールの菜の花。

下処理

どの青菜も、ボウルにためた水に根元だけをつけ、左右にゆすぐようにして土や汚れを浮かせる。そのあと流水で全体を洗う。

「小松菜は生で食べる」と教えてくれたのは、狭山の農家さん。
食べてみると、みずみずしくシャキシャキ。
少しピリッとした辛みが鼻に抜けて、炒めた時とはまた違う余韻がある。
一般的に青菜は軸(茎)に香りがあるけれど、小松菜は葉のほうが味が濃い。
あえて葉と軸を分けるように切って、それぞれの味や食感を楽しみます。
そんな小松菜を引き立てるのが、ハーブのセルフイユ。
茎に甘みがあるので、枝ごと使います。
ゆで卵はお好みで。和風ドレッシングも合います。

小松菜とセルフイユのサラダ

材料［2人分］
小松菜　1株
セルフイユ　好みの量
塩、黒コショウ　各適量
オリーブ油　大さじ1
ゴマ油　ごく少量
ゆで卵　1個

作り方
1　小松菜を株ごと縦半分に切り、根もとをよく洗う。葉と軸を分けるように切り、軸は食べやすいようにさらに二等分する。セルフイユも半分に切る。
2　小松菜とセルフイユをボウルでざっと混ぜ合わせる。塩、黒コショウをふり、葉をつぶさないよう、手のひらですくうようにしてからめる。オリーブ油とゴマ油を加え、全体に行き渡らせる。
→このまま食べてもおいしい。
3　ゆで卵を適当につぶして塩、黒コショウをする。2とざっとあえ、皿に盛る。

memo
ハムやチーズ、クルトンなどを入れてもおいしいです。

菜の花とサバイヨンソース

材料［2人分］
菜の花　1束
粗塩　適量
○サバイヨンソース（作りやすい量）
　卵黄　1個
　水　50cc
　白ワインヴィネガー　25cc
　塩　ひとつまみ
　カイエンヌペッパー　少量
　グラニュー糖　好みで
　サラダ油　100cc

作り方
1　サバイヨンソースを作る。ボウルに卵黄と水、白ワインヴィネガーを入れ、湯煎にかけて泡立て器でよく泡立てる。もったりとして、泡立て器の筋が見えるようになったら塩、カイエンヌペッパー、グラニュー糖で味をととのえる。サラダ油を少量ずつ加えながらさらに混ぜ、なめらかに乳化させる。
2　湯を沸かし、3％量の粗塩を入れる。菜の花の花の部分を持ち、茎だけを湯に入れる。茎の周りに泡が立ってきたら引き上げて氷水にさらし、それ以上火が入るのを止める（花はゆでない）。水気をぬぐう。
3　皿に菜の花とサバイヨンソースを盛る。

青汁でおなじみのケールの花は、菜の花の中でも濃厚な味わい。
さっとゆでて、茎のカリッとした歯ごたえを残します。
サバイヨンは卵を泡立てて作るなめらかなソース。
マヨネーズより軽い口あたりで、ほんのりえぐみがある春先の野菜にぴったり。
スーパーに並ぶ、短く切りそろえた菜の花でももちろんおいしくできます。

ほうれん草を電子レンジで20秒、温かいところと冷たいところが混在した葉に
ドレッシングをふわっとからめるだけ。お店のお客さんにも評判です。
「ほうれん草の個性は根や茎にある」と農家の方から聞き、
食べてみたら本当にそのものの味がした。なるべく根元が太く、
がっしりしているものを選び、切らずに調理してその甘みや旨みまで味わいます。

ほのかに温かいほうれん草のサラダ

材料［2人分］
ほうれん草　1〜2把
オリーブ油　少量
○ピーナッツドレッシング
　ピーナッツペースト（無糖）　大さじ1
　塩こうじ　小さじ1½
　はちみつ　小さじ1
　オリーブ油　大さじ1
　ターメリック（あれば）　ごく少量
　黒コショウ　適量

作り方
1　ピーナッツドレッシングを作る。ピーナッツペーストをなめらかにほぐす。塩こうじ、はちみつ、オリーブ油を順に加え、そのつど混ぜ合わせる。好みでターメリック、黒コショウをふる。
2　ほうれん草は根っこをつけたまましばらく水につけておき、水の中でふって汚れを浮かせてから流水にあてて洗う。20秒ほど電子レンジで加熱し、ほんのり温める。
3　ボウルに2を入れ、オリーブ油をふってさっとからめる。1を軽くたらし、底から混ぜるようにふわっとからめる。皿に盛る。

紫がかった色とシャキシャキ感、独特の香りが持ち味の紅菜苔。
油分を感じさせるコクがあり、
マスタードやはちみつとよく合います。
紅菜苔を堪能するため、ソースはつけたり、つけなかったり、
時にはバルサミコの甘酸っぱさをアクセントにしたりして、
味の強弱をつけながら味わってください。

紅菜苔とはちみつマスタードソース

材料［1人分］
紅菜苔　3本
ゴマ油　少量
○バルサミコのソース
　バルサミコ酢　大さじ1
　オリーブ油　大さじ4
　塩、黒コショウ　各適量
○はちみつマスタードソース
　粒マスタード　小さじ1
　はちみつ　小さじ1/3
　白ワインヴィネガー　大さじ1
　塩、黒コショウ　各適量
　オリーブ油　大さじ4

作り方
1　バルサミコのソースを作る。バルサミコ酢とオリーブ油を混ぜ合わせ、塩、黒コショウで味をととのえる。
2　はちみつマスタードソースを作る。粒マスタードとはちみつに白ワインヴィネガーを加えて混ぜ、塩、黒コショウで味をととのえる。オリーブ油を加えてざっと混ぜる。
3　紅菜苔をP.136の菜の花と同様に、さっと塩ゆでする（花はゆでない）。氷水にさらして火が入るのを止め、水気をぬぐう。
4　紅菜苔の茎に少しだけゴマ油をぬって、皿に盛る。紅菜苔の周りにバルサミコのソースとはちみつマスタードソースをたらす。

豆

　季節をすごく感じさせるスナップエンドウやグリーンピースと、季節に関係なくいつでも使える乾物の豆。僕はどちらも好きで、店でもどちらも使っています。

　フレッシュの豆の魅力はなんといっても香り。ゆであげスナップエンドウ（P.142）のように、とれたてをシンプルに食べるのがベストです。ゆでる時は、歯ごたえが軽く残るよう少し固めを意識。ボコボコ沸いた中でゆでるのは禁物。強めに塩を入れた湯で、豆に塩味をなじませるように静かにゆでると香りも味もぐっと出てきます。

　一方、乾燥豆はしみじみと素朴な味わいが魅力。フランス料理でも白インゲン豆やレンズ豆をよく使うため、僕にとっては身近な存在です。地方の珍しい乾燥豆など、気になるものを見つけては試し、そのままお客さんに出すことも。赤豆のピュレ（P.147）もそのひとつで、店ではイカやカマスの料理に使っています。

　フレッシュにしても乾燥豆にしても、どこかぼんやりしている点も豆らしさ。たとえば、グリーンピースにはシャキシャキのキャベツと小たまねぎを組み合わせたり（P.144）、白インゲン豆の煮込みに角切りにした大根を加える（P.148）など、食感に変化をつけると単調にならず、豆のホクホク感も際立ちます。また、シェリーヴィネガーや梅干し、クミンなど、酸味やスパイス、ハーブをアクセント的に使うと、味にキレが出て食べやすくなります。

　豆好きには、いろいろな豆のサラダ（P.151）のようにさまざまな豆を組み合わせるのもおすすめ。味が濃厚な打ち豆に粒の小さいレンズ豆、そこに季節感のあるフレッシュのソラマメを ……と組み合わせは自由。ごちゃ混ぜくらいがおもしろい。

季節
グリーンピース、スナップエンドウ、ソラマメなどフレッシュの豆は春先から初夏。乾燥豆は通年出回る。

保存する
フレッシュの豆は鮮度が命。保存せず、できるだけ早く使う。使いきれないほど大量の場合は、密閉袋に入れて冷凍する。乾燥豆は湿気のない冷暗所で保存。

選ぶ
フレッシュの豆は、緑色が濃くてツヤがあるもの（時間が経つと色があせる）。実がしっかり詰まっているもの。乾燥豆は割れていないもの。

下処理
さやは使う直前までつけたままにし、使う時にさやから実を取り出す。乾燥豆は水につけてもどす。

スナップエンドウはゆでたて、アツアツをほおばるのが一番。
ゆでる間にサヤに水が入ると水っぽくなるので、
スジはあえてとらず、アクを抜くために強めの塩加減でゆでます。
スナップエンドウにかぎってはゆでたあとに冷水にさらす必要はなし。
水分が蒸発するにつれ、ちょうどよい具合に塩気が効いてきます。

ゆであげスナップエンドウ

材料
スナップエンドウ
粗塩

作り方
1　鍋に湯をたっぷり沸かし、3％量の粗塩を入れる。泡が立たないくらいに火加減を調整し、スナップエンドウを入れる。1分も経たずに引き上げ、皿に盛る。

memo
ゆであがるのを食卓で待っているくらいがベスト。
アツアツをすぐに食べましょう。

生のプティポワ（グリーンピース）の季節に作りたいサラダ。
食感を残すようにさっと下ゆでしたグリーンピースとキャベツを、
鴨の脂とオリーブ油でなじませるように温めて仕上げます。
グリーンピースのホクホク感とキャベツ、
小たまねぎのほどよいシャキシャキ感がおいしい。
キャベツの代わりにレタスで作るのもおすすめです。

プティポワとキャベツの
温かいサラダ

材料［2人分］
グリーンピース　200g
キャベツ　2枚
小タマネギ　1個
鴨の脂＊　小さじ1
オリーブ油　小さじ1
タイム　1〜2本
マジョラム　少量
塩、粗塩、黒コショウ　各適量
グラニュー糖　少量
＊鴨の脂を加えることで、コクや風味をプラスする。
代わりにベーコンを使ってもよい。

作り方
1　グリーンピースのさやから豆を取り出す。
キャベツはざく切りにし、小タマネギは厚さ
3mmの輪切りにする。
→グリーンピースはむき豆でもOK。
2　鍋に湯を沸かし、3%量の粗塩を入れる。
グリーンピースとキャベツをそれぞれさっと
下ゆでし、氷水にさらしてから水気をぬぐう。
ゆで汁は少し取りおく。
→グリーンピースのゆで時間は40秒ほど。ゆですぎない
ように。
3　鍋にグリーンピースと鴨の脂、オリーブ
油を入れて中火にかける。鴨の脂が溶けたら
キャベツ、小タマネギ、タイム、マジョラム
を加え、ざっと混ぜ合わせる。
4　野菜が温まったら塩、黒コショウ、グラ
ニュー糖で味をととのえる。水分が足りなけ
れば、豆のゆで汁を足して調整する。

ラルドで巻いたソラマメの
ココット蒸し

材料［3人分］
ソラマメ（さやつき）　9本
ラルド　3枚
マジョラム　4〜5本
塩、黒コショウ　各適量
＊ラルドは豚の背脂を塩漬けにしたもの。
ベーコンや豚バラ肉で巻いてもよい。

作り方
1　ソラマメを3本ずつさやごとラルドで巻き、糸でしばる。
2　ココット鍋に*1*を並べ、塩、黒コショウをふる。タイムを枝ごとのせる。中火にかけてふたをし、じっくり蒸し焼きにする。
3　糸をほどき、皿に盛る。ラルドと一緒に食べる。

ソラマメを鴨の脂でゆっくりコンフィにする料理があって、
そのイメージでソラマメにラルドを巻いて蒸し上げました。
ラルドは豚の背脂の塩漬け。ベーコンでも構いません。
ソラマメの香りと動物性の脂は相性抜群。
シンプルだけど旨い。白ワインが進みます。

赤豆のピュレとメロン

材料［4人分］
赤大豆（乾燥）　1カップ
塩、黒コショウ　各適量
シェリーヴィネガー　適量
オリーブ油　適量
ゴマ油　少量
エシャロット（みじん切り）　少量
メロン　適量

作り方
1　赤大豆を水に一晩つけてもどす。もどし汁ごと鍋に移して、20分ほどゆでる。
2　ゆで汁を少し取りおき、豆をザルにあけて水気をきる。豆の一部を粒のまま取りおき、残りはミキサーにかけてピュレにする。
3　食べる直前にピュレ大さじ2を少量のゆで汁でなめらかにのばす。塩、黒コショウ、シェリーヴィネガー小さじ½、オリーブ油大さじ½で味をととのえ、仕上げにゴマ油をほんの少し加える（分量は1人分）。
4　2で取りおいた豆は塩、黒コショウで味をととのえ、エシャロットとあえる。
→エシャロットはなければ入れなくてもよい。
5　皿に3のピュレを流し、メロンをのせる。4の豆を添える。

地方ごとにたくさん種類がある乾燥豆。
なかでも赤豆はその色とコクのある味わいがなんとも魅力で、
なめらかなピュレにしてシェリーヴィネガーでキレを、
ゴマ油で香りをプラスして味を引き締めます。
爽やかでジューシーなメロンと一緒に食べた時の、意外なおいしさをぜひ。

白いんげん豆と
大根のココット煮

材料［2〜3人分］
白インゲン豆（乾燥）　1カップ
香味野菜＊　1束
大根　¼本
鴨の脂またはラード　小さじ1
ローズマリー（みじん切り）　¼本
パセリ（みじん切り）　適量
＊香味野菜はセロリ1/3本、ニンジン1/4本、タマネギ1/4個など。大きめに切り、クローブ1本とともにひもでまとめて縛ると取り出しやすい。

作り方
1　白インゲン豆を水に一晩つけてもどし、水気をきる。鍋にひたひたの水、白インゲン豆、香味野菜を入れ、豆が柔らかくなるまで20分ほど煮る。
→白インゲン豆は水煮缶を使ってもよい。
2　大根を5〜6mm角に切り、強めに塩をふってしばらくおいて水を出す。水気をきる。
→大根についた塩味だけで仕上げるので、塩は強めに。
3　ココット鍋に水気をきった**1**の白インゲン豆、鴨の脂、**2**の大根を入れ、ローズマリーも加えて火にかける。5分ほどクツクツ煮込んでなじませる。味をみて、足りなければ塩を加え、パセリを加える。

memo
白インゲン豆と大根のココット煮のアレンジ。フランス南西部の郷土料理「カスレ」のように仕上げます。カマスやイサキ、タチウオなど、焼いた時に香りが立つ魚と相性抜群。写真は皮に包丁で切り込みを入れ、香ばしく焼いたカマスをのせたもの。

乾燥豆のおいしい食べ方のひとつに、フランス南西部の「カスレ」があります。
たっぷりの白インゲン豆をソーセージと一緒に土鍋で煮込んだ郷土料理で、
そのイメージで白インゲン豆を煮てみました。
柔らかく煮た豆に塩をふって水分を抜いた大根を加え、その塩気で味を決めます。
大根はシャキシャキ感を残しても、煮込んでクタクタになってもおいしい。

豆のディップ、パンクラッカー添え

材料［6人分］
白インゲン豆（下ゆでしたもの*）　1カップ
フェンネルシード（つぶす）　ひとつまみ
クミンシード（つぶす）　ひとつまみ
ピーナッツドレッシング（P.138）　大さじ1
梅干し（果肉のみ）*　½個分
黒コショウ　適量
食パン（サンドイッチ用）　適量
＊P.148の要領でゆでたもの、または水煮缶でもよい。
＊梅干しはヘラなどでなめらかにしておく。

作り方
1　白インゲン豆をミキサーにかけてピュレにする。フェンネルシード、クミンシードを混ぜ、ピーナッツドレッシングも加えて混ぜる。味をみながら梅干しの果肉を加え、黒コショウを多めにふる。
2　食パンに重しをして薄くつぶす。低温（120℃）のオーブンで20分ほど、乾燥させるように焼く。
3　豆のディップをスプーンにすくい、皿にのせる。2のパンを食べやすく切り分けて添える。

「白いんげん豆と大根のココット煮」の白いんげん豆を使ってもう一品。
豆のピュレにしのばせた梅がアクセント。
フェンネルとクミンを香らせることで、エキゾチックな風味に。

いろいろな豆のサラダ

材料［1人分］
乾燥豆（赤豆、打ち豆、レンズ豆）
　各大さじ3
ソラマメ（生）　大さじ3
トマト（みじん切り）　大さじ1
赤ピーマン＊（みじん切り）　大さじ1
タマネギ（みじん切り）　大さじ1
エストラゴンの葉　少量
タイムの葉　少量
塩、黒コショウ　各適量
ピーナッツドレッシング（P.138）　適量
シェリーヴィネガー　ごく少量
＊赤ピーマンは直火で表面を焦がし、
アルミ箔で包んで蒸らしてから薄皮をむく。

作り方
1　赤豆と打ち豆は水に一晩つけてもどし、塩ゆでする。レンズ豆はもどさず、そのまま塩ゆでする。
2　ソラマメはさやから豆を取り出し、さっと塩ゆでして氷水にさらす。水気をぬぐい、薄皮を取り除く。
3　打ち豆とレンズ豆はそのまま、赤豆とソラマメは2～3等分にする。エストラゴンとタイムは葉をみじん切りにする。
4　ボウルに豆類とトマト、赤ピーマン、タマネギ、エストラゴン、タイムを入れ、混ぜ合わせる。塩、黒コショウで味をととのえ、ピーナッツドレッシング、シェリーヴィネガーを加える。

ひとくちに豆と言ってもそれぞれ持ち味があって、組み合わせることでその違いがよくわかります。ここでは乾燥豆に生のソラマメを合わせてフレッシュ感をプラス。どんな豆を組み合わせるかは自由だけど、僕にとっては懐かしい田舎の味である"打ち豆"が欠かせません。

田代和久

1950年、福島県伊達郡川俣町に生まれる。高校卒業後に上京、専門学校を卒業後、都内のレストラン数軒で働いてからフランスへ。帰国後、86年に「ラ・ブランシュ」を開店。当時から身近な野菜を使って料理を作っていた。狭山の農家で作られた力強いかぶに出会ったことで、野菜の魅力に開眼。野菜の持ち味をシンプルに生かした料理にファンが多い。

ラ・ブランシュ
東京都渋谷区渋谷2-3-1
電話：03-3499-0824

シェフが好きな野菜の食べ方

初版発行	2018年9月10日
3版発行	2022年9月10日

著　者©　田代和久
　　　　　（たしろかずひさ）

発行人　丸山兼一
発行所　株式会社柴田書店
　　　　東京都文京区湯島3-26-9
　　　　イヤサカビル　〒113-8477
　　　　営業部　03-5816-8282（注文・問合せ）
　　　　書籍編集部　03-5816-8260
　　　　https://www.shibatashoten.co.jp
印刷・製本　凸版印刷株式会社

ISBN 978-4-388-06286-7

本書収録内容の無断掲載、複写（コピー）、引用、データ配信などの行為を固く禁じます。
乱丁、落丁本はお取り替えいたします。

Printed in Japan
©Kazuhisa Tashiro 2018